创业风控管理

梁　策◎著

中国商业出版社

图书在版编目（CIP）数据

创业风控管理 / 梁策著 . -- 北京：中国商业出版社，2021.12
ISBN 978-7-5208-1929-9

Ⅰ. ①创… Ⅱ. ①梁…… Ⅲ. ①企业管理－风险管理－研究 Ⅳ. ① F272.3

中国版本图书馆 CIP 数据核字（2021）第 241594 号

责任编辑：张新壮　刘万庆

中国商业出版社出版发行
（www.zgsycb.com　100053　北京广安门内报国寺 1 号）
总编室：010-63180647　编辑室：010-83118925
发行部：010-83120835/8286
新华书店经销
廊坊市海涛印刷有限公司印刷
*
710 毫米 ×1000 毫米　16 开　13.25 印张　142 千字
2022 年 3 月第 1 版　2022 年 3 月第 1 次印刷
定价：48.00 元
* * * *
（如有印装质量问题可更换）

前言

PREFACE

随着社会经济的发展，创业方式和创业者也在不断变化，从个体创业到合伙创业，从小商贩到创客，多样的创业者推动了市场的繁荣。创业者都渴望创业成功，但创业之路并不平坦，许多创业者都在创业的浪潮中败下阵来。

对于创业者来说，要想创业成功不仅要思考创业成功的办法，还要总结他人及自己创业失败的经验，从中吸取教训，并据此推导出正确的前进方向。关注创业失败的经验同样能够为创业者提供有效的指导，帮助创业者更好地前行。本书就重点聚焦创业开公司的失败经验，从思维与实践两方面对创业失败原因进行分析，并提出解决办法，指导创业者更好地进行创业实践。

首先，许多创业者创业失败源于其思想的错误，如认为创业是一件容易的事情、对自己的创业想法盲目自信、不懂创业的底层逻辑、没有危机意识等。针对这些问题，本书展开了详细讲述，讲解了创业的艰难之处、哪些创业想法并不能赚钱、创业的底层逻辑以及树立危机意识和居安思危的重要性，力求让创业者树立正确的创业思维。

其次，除了思想之外，很多创业者都败在了创业的实践上，因此本书对创业涉及的各方面事物进行了讲解，通过不同的章节，讲述了创业不同过程、不同方面分别存在哪些创业失败的风险，包括注册失败、财务控制失败、税务控制失败、合伙失败、用人失败、管理失败、市场把控失败、合同把控失败、投资并购失败等，力求全面讲解创业者可能遇到的失败风险。

在具体内容方面，本书讲解了许多创业失败的细节，其中不仅包括创业方面的理论，还包括大量的创业实践案例及避免创业失败的方法，以便为创业者提供更好的指导。对于广大创业者而言，本书无疑是一本非常实用的方法论指导书籍，能够帮助创业者从创业失败的过程中总结经验，助力创业者创业成功。

目录 CONTENTS

第 1 章
创业并没有你想象的那么简单

创业不是一件容易的事情，很多创业者都遭遇过失败。在分析创业为什么会失败时，很多创业者都会单纯地将创业失败归结于时机不对、资源不够、市场变化太快等单一原因，认为自己总结经验后再次创业必定会成功。事实上，创业失败并没有想象的那样简单，不清楚自己要做什么、怎么做以及为什么这样做，都会导致创业的失败。

1.1 创业路上为何致命的风险一再上演

创业的成功受特定环境的影响，天时、地利、人和缺一不可。同时，创业所面对的环境是不断变化的，如何在变化的环境中生存下来并保持竞争优势，是所有创业者都需要思考的事情。如果创业者在创业之初就存在思维误区，那么创业路上遭遇的失败就会一再上演。

首先，很多创业者在分析市场和消费者需求时太过主观，很多需求是自己臆想出来的。例如，某个创业者通过调查发现，该地区的上班族和老人都比较多，对于家政服务有较大的需求，因此想要创办一家家政服务公司。但事实上他只看到了市场中存在的需求，却没有调研市场中的竞争，在当地已经有了三家大型家政服务公司，服务体系完善，且拥有较为固定的客户群，在这种情况下，又有多少消费者会选择创业者新创立的公司呢？在创业路上，创业者必须要对市场中的需求做出准确判断，明确自己要做的这件事是否存在机会。

其次，很多创业者在做决策时会盲目相信他人，没有自己的独立思考。不管创业者想做哪一方面的创业，在同一个时间，同一个赛道上，都会有众多的竞争者。为了减少竞争压力，很多创业者会听信他人的预测，听到某专家说某领域是风口，就会在该领域创业，过段时间创业不见起色，又听其他专家说到其他创业风口时，往往就会转变创业方向，准备从头再来。而这样的结果往往会收获一次又一次的失败。

并不是说创业者不可以相信专家的预测，但更重要的是，创业者要有自己的思考。或许某领域是风口，但在创业之前，创业者必须要分析自己在该领域是否具有优势，什么时候是创业的好时机等。如果不对这些进行分析就贸然开始创业，就会加大创业失败的风险。同时，在确定创业的方向之后，创业者还要保持专注，提升执行力，脚踏实地地将创业这件事执行下去。

最后，很多创业者都缺乏竞争意识。创业者要想创业成功，就要善于应对竞争，保持自己的竞争力，但一些创业者对于竞争存在错误的理解。例如，某创业者在某地开了一家越南餐馆，也是当地唯一的越南餐馆，所以该创业者认为自己的餐馆十分具有竞争优势，只要当地有消费者想吃越南菜，就一定会来自己的餐馆。但该创业者还需要思考一个问题，那就是消费者为什么一定要吃越南菜？创业者的越南餐馆不是在和其他的越南餐馆竞争，而是在和当地的数万家餐馆竞争。在这一竞争中，菜品做得不够好，营销做得不到位，都可能导致创业者创业失败。

很多创业者在创业的过程中都存在以上错误的想法，这使得其难以做出正确的决策，创业失败也在所难免。要想创业成功，创业者必须摆正思想，对自身情况和外部环境做出科学分析，从而做出正确的决策。

1.2 战略风险：没有理解做什么

如今，越来越多的人希望通过自主创业实现自己的价值，但是在创业过程中，很多创业者并没有理解自己在做什么，这体现了创业者战略的失败。

2002 年 6 月，刚刚毕业的大学生赵阳和几个同学踏上了创业之路。赵阳在学校学习的是绘画专业，他了解到，很多同专业的学长、学姐毕业之后都创立了自己的培训学校，从事少儿美术培训，并将培训学校办得红红火火。听到学长、学姐讲述自己的成功，赵阳也心动了，于是在毕业之际与几个同学共同创办了一家培训学校。

几个人很快租好了场地并办理了相关手续，成立了一家少儿美术培训学校。由于培训学校紧邻居民区，因此赵阳对创业之事信心满满。但之后的工作并不像他想象的那样容易，开业之初，为了寻找客源，赵阳不仅制定了优惠的促销价格，还和同学不停地四处发传单。虽然之后吸引了不少家长带学生来听课，但真正买课程的并不多。

在培训学校成立的半年时间里，仅有二十多名学生前来报名，同时由于价格优惠，收到的学费更是少之又少。而维持学校运营需要房租、水费、电费等各种支出。半年之后，学校账面上的资金已经入不敷出，几名同学也纷纷要求退出。在巨大的压力下，赵阳只得关闭了培训学校。

在上述案例中，赵阳创业的目的并不明确，只知道许多学长、学姐都在做这方面的创业，于是也加入了创业队伍。但他在创业之前并没有进行充足的调查，缺少客源，没有品牌支撑的培训学校难以与其他已经在市场中立足的培训学校竞争，即使有价格优惠也难具吸引力，最终导致了创业的失败。

很多创业者都和赵阳一样，在选择创业项目时喜欢盲目跟风，总觉得这样能减少创业风险，少走弯路。同时，为了抢占先机，他们往往在没有准备充足的情况下就匆忙开始创业，这使其抵御风险的能力极差，一旦遭遇危机，创业就会走向失败。

这些创业者失败的原因就在于战略失败，即在创业之前，创业者并没有理解自己要做什么，没有对创业这件事进行深入、全面的思考，没有形成整体的、清晰的战略规划。在这种情况下，创业者没有预测创业路上的风险，也没有制定相应的应对措施，一旦遭遇风险，就会大受打击。

1.3 战术风险：没有理解怎么做

很多创业者的失败还在于战术失败，即知道自己要做什么事，却不知道应该如何做，往往用错了战术，导致创业失败。

周玲在小区附近开了一家超市，虽然面积不大，但是里面的食品和日用消费品都比较齐全。因为邻近居民区，超市的收入也十分可观。可没过多久，周玲就发现超市的生意越来越不好，原来小区附近新开了一家大型连锁超市，商品的品类更加齐全，受到了周围居民的青睐。

眼看着超市的收入逐渐下滑，周玲也越来越焦急。为了吸引消费者来购物，周玲开展了各种各样的减价促销活动，但活动虽然吸引来了消费者，但超市的收入还是在下滑。最后，超市的运营到了入不敷出的地步。

显然，周玲减价促销的战术是失败的，虽然吸引来了消费者，却没有提高超市的收入。周玲也意识到了这一点，为了破解超市经营的瓶颈，她特意去大型连锁超市考察了一番。周玲发现，连锁超市虽然商品品类齐全，但购买产品并不是十分方便，即便顾客只想买一袋盐，也要坐长长的电梯，并且排队付账。

了解到连锁超市存在的问题后，周玲改变了战术，决定从顾客体验入手为其提供更方便的购物。她将经常来超市购物的顾客拉到了几个微信群中，顾客可以在微信中提前和周玲沟通订单，如想买什么商品、什么时间来拿等。接到顾客的订单后，周玲就会提前将其购买的商品打包好，待顾客方便时再来带走。这一服务的推出为顾客提供了极大方便，也有效提升了超市商品的销量。

同时，超市还增加了快递代收的服务，一些不方便寄快递的顾客也可以委托周玲帮忙寄快递。这项服务为顾客提供了方便，给了顾客一个来超市的理由，同时也大大提高了顾客对超市的忠诚度。经过这番战术变更，周玲的超市又吸引了大量的顾客，超市经营也蒸蒸日上。

以上案例就显示出了战术的重要性，创业者不仅要明确自己做什么，更要理解应该怎么做，如果只在明确目标之后就盲目展开行动，采取了失败的战术，那么创业也不会成功。

1.4 愿景风险：没有理解为什么做

很多创业者在创业的过程中，都会确定一个愿景，即为什么要创业、创业为了实现什么。愿景的明确对创业者来说也是十分重要的。创业者需要通过明确愿景确定创业的价值定位，这也是创业者科学决策的基础。如果在做决策时创业者不理解为什么要这么做，那么就会陷入愿景失败的陷阱。

邹亮在大四时就开启了自己的创业之路，与几名同学共同开了一家果蔬超市。在创业之初，邹亮以“成己达人”作为创业的愿景，也是自己创业的初心，即通过创业为同校的学生提供兼职的机会，假如创业有成，还可以给同学们一个共同创业的合作机会。

在这一愿景的引导下，邹亮十分重视对同学的帮扶，当果蔬超市发展得越来越成熟时，邹亮与有意向的兼职同学协商，将其变为了自己创业的合伙人，同学也在其帮助下成立了果蔬超市的分店。经过几年的发展，邹亮的果蔬超市越做越大，分店也有了三四家。

在事业蒸蒸日上时，邹亮却遗失了自己创业的初心。当他意识到自己已经是一名成功的创业者之后，就很难再用平等的眼光看待自己的合伙人了。他开始越来越多地干预其他分店的经营，对于合伙人的意见也置之不理。最终，在一次次的冲突之后，曾经的合伙人纷纷退出，邹亮不得不一个人管理所有店铺。在激烈的市场竞争中，邹亮的果蔬店难以扩张，甚至节节败退，最终走向倒闭。

在以上案例中，邹亮在创业之路越走越远的同时渐渐忽视了自己曾坚持的愿景，最终导致了创业的失败。如果他能够及时自省，回望自己当初的愿景，就会发现自己对于合伙人的控制无疑是违背了“成己达人”的愿景。在做决策时，邹亮没有与愿景结合，没有理解自己为什么要这么做，最终在越来越多的错误决策中走向失败。

创业者需要意识到创业路上的这种愿景失败，始终牢记自己创业的初心。只有长期坚持同一愿景，创业之路才会走得长远，创业才会走向成功。

1.5 危机感延续了公司的生命

“微软离破产永远只有 18 个月。”微软公司创始人比尔・盖茨的这一说法让无数人愕然。微软公司体量庞大，产品众多，在世界范围内拥有众多用户，人们很难想象这样的企业会走向破产。但是微软却用这种危机感让自己时刻保持清醒。正如“逆水行舟，不进则退”，面对庞大的市场和无处不在的竞争对手，创业者必须时刻保持危机感。

创业者有强烈的危机感才能够督促企业和员工不断前行。很多创业者就是因为过早享受成功、过于安逸，失去了发展壮大的机会，最后被市场淘汰。

结合实际情况来看，很多互联网公司在刚刚成立时往往业绩十分突出，客户满意度很高，公司发展速度也很快。但是随着市场的变化，这些公司往往会销声匿迹，市场上活跃度更高的是后来者居上的公司。原因就在于，很多创业者在取得不错的成绩之后，就慢慢自大自满，产生一种“我们是市场中的唯一，不需要担心同行”的错觉。与此同时，市场中的竞争对手正在分析和研究公司的获客方式、经营模式、产品和人员配比等，寻找弯道超车的机会。一旦竞争对手推出更优质的产品、更优惠的价格或更贴心的服务，创业者的公司就会面临致命打击。

联想集团的创始人柳传志曾说：“你一打盹，对手的机会就来了。”市场中的竞争就是这样残酷，当创业者为一时的成功沾沾自喜时，殊不知竞争对手已经开始寻找弯道超车的机会了。因此无论创业者处于怎样的创业阶段，处于哪一条创业赛道上，都要有危机意识，以此促进公司的发展和进步。

1.6　我们的竞争对手就是我们自己

在创业的过程中，创业者不仅要和竞争对手竞争，还要不断战胜自己。对于创业者来说，很重要的一个竞争对手就是我们自己。

很多创业者都会在创业过程中感到焦躁、紧张、患得患失甚至情绪失控。也有的创业者思维清奇，乱开脑洞，给自己树了很多假想敌，在向左或向右的抉择中犹豫不决，落得惨败下场。当这些失败的创业者与人分享创业失败的教训时，往往会表示创业维艰、人生苦短，但事实上，其创业是“死”在了自己的幻想中。

很多创业者认为商场如战场，在市场上与竞争对手竞争是一件十分残酷的事情，以至于将创业当作一件十分悲壮的事情，在做任何决策前都畏首畏尾，害怕面对激烈的竞争。但事实上，很多创业者的担心都是多余的。

例如，一个创业者打算推出一款饮料，并将市场中的饮料巨头可口可乐、王老吉等视作自己的竞争对手，然后从产品还没做出来时就想着如何与其竞争，最后在悲观的幻想中掐断了这一想法。创业者的创业之路还未开始就走向了失败。但事实上，创业者只是陷入了思维误区。刚刚推出的品牌如何与市场中的巨头竞争？这不是创业者需要思考的问题。创业者需要找准一个定位，针对目标用户推出自己的产品。比如市场中的某饮料细分市场竞争十分激烈，创业者就需要避开这一领域，寻找自己的竞争优势位置。

市场中的竞争是激烈的，但创业者也不应过于悲观，不要给自己树立假想敌，而要勇于开始，勇于前进。

另外，很多创业者在创业的过程中经常患得患失，获得一时的成功就扬扬得意，遭遇一时的打击就一蹶不振。这些都是创业失败的元凶。创业者必须意识到，创业是一项长久的事情，在面对成功与困境时都应跳出成功与困境本身，站在全局的角度，以长远的目光看待公司未来的发展。可能一时的成功中潜藏着危机、一时的困境中蕴含着机遇，创业者需要战胜自己的不稳定情绪，做出更科学的决策。

总之，在创业之路上，创业者自己也是自己的竞争对手。创业者需要不断与自己竞争，不断战胜自己的不良情绪，不断在创业过程中突破自己。只有做到这些，创业者才能够远离失败。

第 2 章
你的想法真的赚钱吗

很多创业者创业的动机就源自一个赚钱的想法，想要通过创业来验证自己的想法是否可行。如果这一想法不可行，那么创业者就会遭遇创业失败。在面对这一问题时，为了避免必然的创业失败，创业者必须思考一个问题：这个想法真的赚钱吗？

2.1 投机成就不了富豪，只能导致倾家荡产

当创业者有了一个创业想法时，必须认真思考这一想法真的能够赚到钱吗？有的想法能够赚钱，但有的想法只是一种投机思想，如果创业者以投机思想创业，不仅会遭遇创业失败，甚至会导致倾家荡产。

有的创业想法是针对消费者市场的，有些创业想法是针对企业级市场的，而有的创业想法仅仅是基于投资机构的。这些创业者的创业想法没有市场需求，只依靠风投机构投资存活，而一旦市场变动，这些没有根基的创业项目就会快速走向失败，创业者也可能因此负债累累。

全球著名投资家沃伦·巴菲特有一句名言：“只有当大潮退去的时候，你才能知道谁在裸泳。”在创业的队伍中，有的创业者是真正在创业，有的创业者却只想借机获利，这样的创业者就是创业的投机分子。创业者要警惕投机思想，明确自己创业想法的深刻含义，而不仅仅是获利。

很多创业者都因为投机心理走向了创业失败。在互联网火热发展之时，来自哈佛大学和芝加哥大学的几名高才生组成了一支十分强悍的创业团队，成立了一家互联网公司。公司在刚开始创立时就获得了5000万美元的投资，并在创业团队的努力下获得了快速发展。但是，当互联网的寒冬来临时，该公司的钱花了大半，却仍然无法盈利，此后很长的一段时间里也未见起色。最终，停滞不前的公司只剩空壳，昔日的高才生也纷纷选择出走。

该创业团队创业失败的原因就在于投机倾向明显。公司的大量资金并没有花费在生产环节，当虚假的繁荣泡沫一破裂，公司就很难扛住压力。同时，该公司的定位也很不明确，总是飘忽不定，公司经营自然也难有起色。在投机倾向的影响下，创业团队的创业之路最终走向失败。

与之相对，日本企业家稻盛和夫就十分强调坚持自己路线的重要性。在他创业过程中，很多企业都通过投资房地产获得了巨额利润，也有很多人劝稻盛和夫投资房地产，但他不想通过投机赚钱，而是希望做好自己的事业。后来，在一场经济危机中，无数公司破产，而稻盛和夫的企业却安然无恙。

因此，创业者必须意识到，投机成就不了富豪，有投机倾向的创业想法也会导致创业失败。创业者需要做的就是避免投机思维，寻找一个真正能够赚钱、能够长久赚钱的创业想法，并为之不断努力、不断坚持。

2.2 一夜暴富大多是在讲故事，厚积薄发才是常态

太多的创业者在创业大势之下勇敢地加入了创业大军，但他们经历的却是一场必然的失败之旅。很多创业项目胎死腹中，或在前进的路上逐渐消亡，这与市场环境无关，与政策无关，而在于创业者自身。创业者真正需要思考的一个问题就是：你真的认识你自己吗？

创业是浮躁的，很多创业者都抱着一夜暴富的心态进行创业，觉得自己有了一个好想法就拥有了一切，凭着自己的口才和商业计划书整日寻找投资，希望能够遇到一个认可自己的人，并依靠投资成功创业。但事实上，创业并不简单，创业是一种选择，更是一种坚守，在长久的积累中厚积薄发，才能够真正走向辉煌。

但是，很多创业者并没有这份坚守，也没有耐心等待，只天

真地坚持着自己一夜暴富的想法。这样的创业者少了自我充实的谦逊，不能以学习者的心态应对未知的挑战，最终的结局必然是创业失败。

有些创业者，还没有积攒实力，创业稍有成功就沾沾自喜，没有将赚到的钱投入到技术或产品上，而是用在了“表面工程”上，租了更大、更豪华的场地，配备了休息区，并且常常组织员工团建，以此宣传公司自由的工作氛围。但创业者在这方面的改善并不是厚积薄发的积累，企业的成功不在于外在的表现，而在于内在的专业。还有一些创业者，提出了一个不错的想法、推出了一款不错的产品，但在营销方面或寻找投资人时受阻，于是大受打击，不肯再前进，最终创业失败。

这些创业者都没有意识到创业是一件厚积薄发的事情。创业不是空有激情就能成功，而是创业者此前所有努力带来的一种质变。市场是残酷的，它不会因为你年轻而优待你，也不会因为你弱小而怜悯你，市场瞬息万变，稍有不慎瞬间就会吞噬你。

细数那些创业成功的企业家，都经历过一段自我积累的时光。俞敏洪创立新东方能够成功，与其创业之前的努力密切相关。在北大读书及留校任教期间，俞敏洪阅读了大量的书籍，并积累了丰富的教学经验，这些积累帮助其完成了人生的逆袭。雷军在创办小米公司之前也积累了大量的创业及管理经验。在大学期间，雷军就与同学创办过三色公司，后来，雷军进入金山公司，在金山公司工作了16年，并一步步成为金山公司的CEO，见证了金山公司的成长和上市。雷军的这些经历都为其之后创办小米公司打下了基础。这些人的成功都离不开自我的积累与充实，当机会来临的时候，成功的必然是这些有准备的人。

在创业之路上，创业者必须要戒骄戒躁，学会坚持。好的创业想法经过坚持才会成功，如果创业者只希望通过一个想法赚钱，而不懂在创业中的坚持，那么再好的想法也会“流产”。

2.3 不要一直追逐风口

很多创业者都曾听过这样一句话：“站在风口上，猪都能飞起来。”于是疯狂地追逐当下市场中的风口，但事实上，所有人都在追逐的风口，已经很难赚钱了。

直播带货是当下市场中的风口，也是很多人创业的方向。线下实体店的店主、网红，甚至一些明星都希望通过直播带货实现财富自由，但在实际操作中，直播“翻车”的也不计其数。风口固然能够为创业者创业提供助力，但创业者也需要思考风口之下的激烈竞争，以及这个风口是否适合自己。

对于风口，创业者需要有以下认知。

一方面，即便是处于风口，创业成功的人依旧是少数。无论是公众号、短视频，还是直播卖货，追逐风口的人都如过江之鲫，但真正赚到大钱的都是少数人。很多创业者对其他人创业失败的经历了解得很少，但对创业成功的人却了解得很多，这导致其面对风口时往往只有两个想法：一是别人因此赚了钱，所以我也有机会；二是所有人都在追逐这个风口，我跑慢了就没有红利了。但这些创业者并没有认识到风口之下的竞争，某一领域中入局者越来越多，竞争势必会越来越激烈。如果没有准备或者对自己认识不清时就盲目入局，最终只会满盘皆输。

另一方面，宏观大势不等于微观局势，对于创业者来说，大趋势对创业的影响并没有很多人想象的那样大。一些创业者容易把问题简单化，例如很多宏观趋势都是十分复杂的，但这些创业者却只以一个简单结论做依据来进行决策。市场中的宏观趋势是单一的，但局部趋势却是复杂的，甚至可能背离宏观趋势。如果创业者一味追逐宏观大势，没有意识到局部形势的复杂性，则很容易会创业失败。

赵刚一直有一个创业梦，在积累了一些财富后，他投入200余万元，在某二线城市开了两家烧烤店，信心满满地进入了餐饮行业。

赵刚的信心就来自市场的大趋势：第一，烧烤深受众多消费者的喜爱，消费量大，很多创业者都通过做烧烤实现了成功创业，跟对了趋势自己的创业就能做成；第二，物流冷链基础设施不断发展，牛羊肉充足且价格稳定，毛利丰厚；第三，烧烤是地摊小吃的代表，而赵刚投入巨额资金打造中高端烧烤店，力求给顾客更好的消费体验，在居民消费升级的大趋势下，创业一定有机会。

基于以上几方面的思考，赵刚认为自己的创业一定会有所成就，但事实却不是如此，他的店的确每天都能够吸引很多顾客，但却很难能赚到钱。店铺的房租、水电费、人工费等是一笔不小的支出，但如果赵刚将价格定高，就难以与其他烧烤店竞争，最终，赵刚只能以市场的平均价格定价，而在高支出的压力下，烧烤店很快就入不敷出。

在上述案例中，赵刚最大的问题是把趋势简单化了，没有深入考虑自己能不能赚到钱。在激烈的市场竞争下，没有充足的准备难以在竞争中脱颖而出。创业者可以根据风口确定一个赚钱的想法，但也要保持理性，客观分析想法的可行性。同时，面对风口的激励竞争，创业者要做好充足的准备，确保能够在竞争中发挥自己的优势。

2.4 埋头苦干只能满足温饱，走自己的路才能赚大钱

很多创业者在创业之时都很难确定方向，看到其他人在一条路上获得了成功，就想着走他人的路，但这样的选择即便是埋头苦干也很难能赚到大钱。创业者需要找到一条适合自己的路，走自己的路，而不是跟风。

市场中的一个客观现象就是，当某一领域中只有一个玩家时，他能够赚到大钱；当这个领域中有五个玩家时，可能每个玩家都能够赚到钱，但竞争也会很激烈，一些弱势的玩家可能会从中退出；当这个领域中的玩家越来越多时，彼此间的竞争也越来越激烈，也会有更多的玩家退出。

创业路径的选择是十分重要的，明明产品很好，也投入了大量的资金进行品牌营销，可产品销量却不尽如人意，这种情况可能是因为创业者选择了一条错误的道路，即使十分努力也难以创业成功。

例如，一名创业者想要在矿泉水领域创业，但在市场中，从进口高端品牌依云到国产高端品牌5100，从定价1元的康师傅到定价2～3元的农夫山泉、百岁山，基本实现了不同阶层消费人群的覆盖。在这种情况下，即使创业者推出的产品品质没有问题，定价也十分合理，在购物需求被其他品牌充分满足的情况下，这一新品牌也很难被消费者所接受。

很多领域的竞争格局已经固定，创业者必须接受“需求有限”和“竞争激烈”的两大现实，在创业之前，必须对相关领域的竞争环境做出科学判断，找准正确的路。

如何找到自己的路？创业者需要关注社会需求、预测行业趋势。具体来说，创业者需要做好以下几个方面。

首先，寻找未被满足的需求和对应的解决方案。创业者可以从用户的角度出发，思考解决用户痛点的可行路径，并以此为出发点进行创业。其次，避开大公司的锋芒，确定自己的定位和产品特色，成为细分市场的领先者。在主流市场竞争激烈的情况下，创业者就需要找准定位，立足一个细分市场进行创业，减少创业路上的竞争。

例如，创业者对健身房项目十分感兴趣，但现在的市场上充斥着太多没有差异性的健身房，这时如果将其定位成为女性提供产后身材恢复的健身场所，那么差异性就立刻产生了。

健身只是消费升级的一个产物，当一个人忍受不了自己的身材，并有一定空闲时间的情况下，才有可能去健身，毕竟健身并不是一件轻松的事情。但是，产后身材恢复对于爱美的妈妈而言却是一个极大的痛点，而且在这一领域创业的人也比较少。因此，创业者就可以以产后修复的健身作为定位点，着眼于这一细分领域进行创业。

总之，在创业过程中，创业者不应盲目跟随，而要主动探寻属于自己的成功之路。找到属于自己的那条路，坚定地走下去，创业者才能够突出重围，更快走向创业成功。

2.5 好想法不等于创业机会，客观分析不可少

很多成功的创业经历都源于一个好的想法，但并不是所有的好想法都能转化为创业机会，它需要天时、地利、人和。那么在有了一个好的想法之后，创业者如何判断这个想法是一个好的创业机会呢？好的创业机会有以下四个特征。

（1）对用户有吸引力

当人们需要完成某项任务时，往往会借助某种产品来帮忙。创业者需要做的就是确定一类用户的某种需求，针对这种需求推出有针对性的产品。在有创业的想法时，很多创业者想的都是

“我会做什么”“我想做什么”，而不是“市场需要什么”，这种想法无疑是错误的。

（2）在实际的商业环境中可行

在有了一个创业想法之后，创业者需要分析其在实际的商业环境中是否可行。为此，创业者需要对商业环境进行多方面的分析，包括对市场中的政治因素、经济因素、社会因素、技术因素、法律因素等多方面的分析。

（3）能够在恰当的时间实行

进入创业的时机深刻影响着创业的成败，过早或过晚进入都可能会导致创业失败。因此创业者要分析这一创业想法是否存在恰当的进入时机，当下实行这一想法在时机上是否可行。

（4）有足够的资源、技术、能力能够创业

要想将创业想法变为现实，创业者就需要足够的资金、资源、技术、能力创业。如果创业者缺少以上任何一方面的支持，都无法将创业想法落地，创业自然也不会成功。

当有了一个创业想法后，创业者需要从以上几个方面分析创业想法是否是一个创业机会。如果这一想法缺乏必要的用户基础，或者现有市场环境存在诸多限制，那么创业者就需要三思而后行。

第3章
创业有哪些底层逻辑

很多创业者在创业的过程中，提起自己的项目或产品总是滔滔不绝，但很多创业者对于创业的底层逻辑并不了解，往往只是有一个好主意、好产品时就马上开始行动。但是，如果创业者不想好创业的底层逻辑，进而进行顶层设计，那么创业往往会遭遇失败。

底层逻辑指的是创业者依据什么样的商业逻辑构建业务，同时创业者需要思考需要付出什么样的成本才能够将逻辑走通。明确了创业的商业逻辑，创业者才能够更科学地开展与创业相关的一系列活动。

3.1 基本逻辑：分析创业项目可行性

王京在某制造型外企工作了十几年，在职业发展上遭遇了瓶颈，于是萌生了辞职创业的想法。他从网上找到了一个商户联盟的项目，即拉线下的商铺加入联盟，这样联盟中的商户和代理商都能够获得顾客消费的佣金。经过一番思考，王京觉得这个项目不错，准备加盟该品牌做本地代理。

在上述案例中，王京的决策无疑是十分武断的，在进行决策前，他至少要做两方面的调查：一是了解项目有哪些优势资源能够支撑其运行，二是商户对项目是否认可。王京需要通过调查来验证这两个问题，如果这两方面不成立，那么这个项目也不必考虑了。

创业者在面对一个项目时，必须要认识到项目的核心价值并进行必要的市场分析，只有做到这些，才能明确创业项目的可行性。这也是创业的基本逻辑。

很多成功的创业者都有一个共同点，那就是逻辑清晰，对创业项目的核心资源和重点环节等了如指掌。而有一些创业者却无法精确地描述创业项目，一些关键环节经不起推敲，也没有验证的方法，总是在嘴上说项目可行，但却没有切实的证据证明项目可行，这样的创业者往往会创业失败。

对于创业者而言，在刚开始创业时可能不需要掌握过多的创业逻辑，但基本的逻辑不能缺失。在面对一个创业项目时，首先，创业者需要分析的就是项目的可行性，确定项目是切实可行的。其次，要分析自己的优势与不足，分析该项目是否适合自己。在这方面，创业者要分析自己的“能”与“不能”，分析自己通过该项目创业的可能性。

“能”直接决定了创业在逻辑上是否可行。以上述案例中的王京为例，看似他可以做商户联盟这件事，但其实他在这个项目上并没有核心竞争力，很容易就被替代。所谓“能”，指的是创业者具有某一核心优势，如技术优势、人才优势、渠道优势等，这一核心优势的门槛越高、越具有不可替代性，创业者越能够创业成功。

“不能”则是对自我不足的思考，通过这一思考，创业者能够反向分析出自己应如何做。例如，当创业者明确这一创业项目不能单独完成时，就会思考通过合作的方式实现共赢。明确自己不能做什么，更有利于思考自己能够做什么，设定从“不能”到“能”的最佳路径，从而实现创业成功。

3.2 创新逻辑：为什么我的创新都死了

很多创业者都十分注重创新，力求基于技术创新、产品创新、服务创新、商业模式创新等实现创业成功。但在实际创业过程中，很多创业者的创新创业都走向了失败，原因就在于他们的创新没有逻辑。

创新是需要强逻辑支撑的，需要遵循以下几个逻辑。

（1）价值逻辑：创业者必须要梳理清楚，你的产品或服务能够为利益相关方提供哪些新增的价值。

（2）商业逻辑：创业者必须要明确创业项目的商业逻辑，即在市场条件下如何交易、如何推广等。

（3）技术逻辑：如果创业者的项目以技术创新为主，那么就需要给出项目体现的技术逻辑，甚至是行业的技术逻辑。以技术作为创新点的创业项目，其技术逻辑就表明了创业项目的门槛，即该项目为什么能够走在行业前列，为什么其他项目难以超越。

很多创业者热衷于创新，但却很少思考创新的逻辑支撑。如果无法讲明创新的价值逻辑、商业逻辑和技术逻辑，那么这一创新项目可能就是无法落地的，创业者也不应在该项目上投入太多精力。如果执着于这样的创新项目，那么创业者就落入了创新的陷阱，创业失败也在所难免。

3.3 资源整合：天下万物不为我所有，但可为我所用

很多创业者一想到创业就会想到自己没钱，这是一个误区，创业成功的因素不是创业者要有多少钱，而是要有资源整合的能力。创业者要整合自己身边的资源，并分析自己具备的资源优势。创业资源主要包括以下五个方面，如图 3–1 所示。

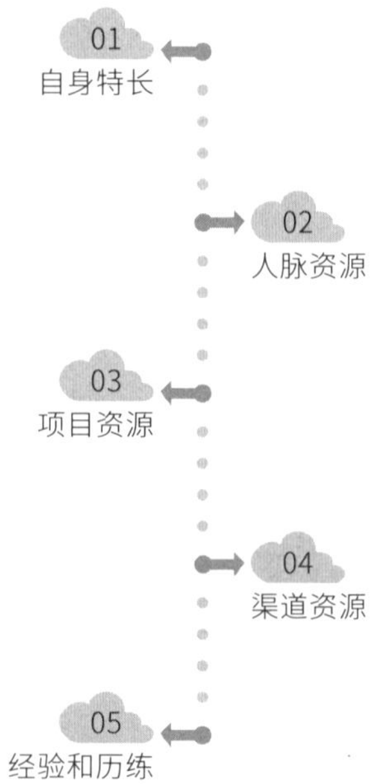

图 3-1　创业资源的五个方面

1. 自身特长

自身特长是最重要的创业资源，决定着创业者的创业方向。创业者可以在发挥自身特长的基础上进行创业，例如，如果创业者是一名厨师，那么就可以通过开办餐馆创业；如果创业者是 IT 精英，那么就可以成立一家网络公司；如果创业者擅长教学，那么就可以创办一家培训中心等。

2. 人脉资源

这里的人脉指的是创业者的朋友圈，这是创业的关键资源，创业者可以通过自己的朋友圈咨询业务、找到项目投资人、找到创业合伙人，充分借助朋友的支持，更顺利地进行创业。

3. 项目资源

项目资源包括创业者发现的好的创业项目，也包括创业者自己提出的创业项目。创业者不仅要分析项目的创意、优势等，也要分析自己投资该项目的优势，确保自己能够将项目做好。

4. 渠道资源

渠道资源也是非常重要的创业资源。如果创业者选择在一个行业里创业，非常了解整个行业的产业链，并且掌控一部分渠道客户，那么就表明创业者有较好的渠道资源。这部分资源可以为创业者的创业提供助力。

5. 经验和历练

创业者在创业之前的经验和历练也十分重要。无论是此前的工作经验，还是失败的创业经验，都会对创业者之后的创业提供指导，让创业者少走弯路，规避风险。

以上五个方面都是创业的重要资源，创业者将这些资源进行高效整合，能够为创业成功提供保障。

3.4 异业联盟：你的客户就是我的客户

异业联盟是一种常见的创业逻辑。一些创业者为与不同行业的企业结成战略伙伴关系，实现资源共享、优势互补的目的，往往会创办异业联盟，以汇集不同类型的市场主体，提升规模效应。

目标客户重叠、各盟方的资源对等性和资源的互通性是异业联盟创办的基础。异业联盟是扩大和巩固项目、资金等各方面资源的有效方式，各联盟方可以通过联盟活动互通彼此资源，盘活潜在资源，促进各联盟方的共同发展。

晓晶是一名教育心理学专业的毕业生，也十分喜欢与小孩子相处，于是在大学毕业后接手了一家幼儿活动中心，开始了自己的创业之路。活动中心服务的目标客户就是 3 ~ 7 岁的小朋友，为其提供多样的游戏活动，并有工作人员陪伴其玩耍。运营了半年之后，活动中心不断亏损，晓晶也十分焦急。后来经朋友介绍，晓晶加入了一个异业联盟，联盟中的各加盟方经营的都是与儿童相关的产业，如儿童服饰、少儿艺术培训、游乐场等。

联盟会定期举办各种活动，促进成员之间的交流与合作，晓晶也找到了改善运营的方法。她联系了联盟中的许多儿童服装店，与对方谈协作：任何到店消费满 100 元的顾客，都可以凭购物小票到活动中心领取价值 68 元的玩具一套。

这一协作不仅能够为活动中心引流，也为童装店提供了一项福利，因此很多童装店纷纷同意了合作。如此一来，这些服装店都成功为活动中心引来了流量，活动中心的客流量瞬间暴增 5

倍，顺利解决了运营危机，为活动中心创造了更多收益。

异业联盟不仅能够实现流量的共享，也能够实现技术设备、人才等的共享。处于这样的联盟中，创业者能够获得多方面的支持，成功解决危机或促进企业的发展。

3.5 众筹：众筹不是筹钱，而是筹人

众筹是近年来比较火爆的一种创业模式，很多创业者都通过众筹的模式创办餐馆、咖啡店等。为什么这种模式会受到创业者的追捧？在现实生活中，创业者的资源可能无法实现有效利用，而众筹就是一种集合大家的资源共同创业的方式。

相比于筹钱，众筹式创业更多的是筹人，其逻辑是这样的：通过筹人寻找众筹项目所需的各种资源。在这种模式下，参与众筹项目创业的各股东以资源的匹配或置换实现共赢。在操作过程中，要让股东有更多的参与感，将资源和众筹的项目进行组合。

例如，在某个众筹的咖啡店中，每个参与众筹的股东需要定期在咖啡店值班，同时可以在晚上邀请朋友们来咖啡店相聚、举办一个主题活动等。这样的设置能够提高股东的参与感和荣誉感，维护咖啡店的稳定发展。

同时，众筹创业的过程中还需要做好制度安排，如设置执委会、秘书处等。执委会负责对众筹项目的经营活动进行管理，而

秘书处负责股东服务。此外，在整个众筹的体系里，一定要有一个十分具有影响力的人负责股东的召集和组织的架构。这样，整个体系才会完整。

对于一个众筹项目而言，往往需要一个精英社群作为支撑，这些人相互了解、彼此信任，能够在众筹项目中合理分工、共同协作，确保众筹项目顺利推进。因此，众筹项目不是筹钱，而是筹人。

第 4 章 “不知死焉知生”公司学会居安思危很重要

在创业的浪潮中，每天都有很多新的公司设立，也有很多公司因经营不善而倒闭。很多时候，一家公司的崩塌，并不是缘于某些重大风险，而是缘于公司管理中不起眼的细节。一些创业者在创业之初小心谨慎，但在公司运行平稳时就忘记了对风险的规避，一旦突发风险，公司将承受致命打击。因此，创业者必须居安思危，提高公司抵御风险的能力。

4.1 风控是创业路上的常态现象

创业者需要明白，创业是一件失败率很高的事情，并没有想象中的那么容易。对于初次创业的创业者来说，将创业撑过一年已经十分不容易，撑过两年的会更少，最终创业成功的更是极少数。

理想很丰满，现实很骨感，每个创业者在创业之初都怀揣着成功的抱负，但最后成功者却寥寥无几。为什么会这样呢？一方面，在创业之前，这些创业者并没有发现那些可能导致创业失败的原因，没有在创业之初就想好问题的解决方案；另一方面，来自创业过程中，一些创业者在创业之路通畅或创业小有所成时就开始扬扬得意，忽视了公司发展中暗藏的风险，最终导致创业失败。

事实上，创业失败是常态，创业者不仅要在创业之前做好充分迎接失败的准备，也要在创业过程中居安思危，警惕当前潜在或未来可能会发生的风险，提前设计好对策。越是在公司的平稳运行期或者快速发展期，创业者越要提高警惕，分析未来有哪些风险会阻碍公司的发展，而不只是沉浸在暂时成功的喜悦中，对未来的风险视而不见。

4.2 在萧条期之前提高收益，是预防萧条的最佳策略

市场经济在运行的过程中，总是重复着繁荣与萧条的更迭。在经济繁荣时，创业者的公司可以快速发展，但同时，创业者也要在这一时期提高收益，为之后的经济萧条做好准备。

在经济繁荣期提高公司收益，是预防萧条的最佳策略。高收益是公司高抵抗力的一种表现，即使公司因为经济萧条而导致销售额下降，也不至于遭受亏损。

为应对经济萧条带来的影响，创业者需要保证公司在萧条期之前保持 10% 的销售利润率，这样即使销售额下降 10%，公司依旧可以盈利，只有当销售额下降到 30%、40% 时，才可能出现赤字。

创业者应以高收益经营为目标，不断积累企业内部留存，只有这样当萧条期来临时，公司才能够有效应对。

同时，在萧条的风暴来临时，创业者也需要削减成本、保持较高的生产效率。在削减成本方面，创业者要对过去的生产模式进行全面研究和改进，不仅要更新制造设备等硬件，也要对人员架构进行改善，保证公司能够在更合理的状态下运行，以削减成本。在生产效率方面，经济萧条使得订单减少，在这种情况下如果仍然由过去同样多的员工进行生产，生产效率必然会下降，因此创业者需要把多余的员工从生产线上撤下来，让其集中学习或做一些生产的整理工作，为经济复苏做准备。

因为此前的高收益准备，即使销售额有所降低也不至于让公司陷入亏损。同时，因为高收益经营，公司也会有此前积累的资金作为支撑，即使公司在萧条期难以盈利，也依旧承受得住考验。

在萧条期到来之前提高收益以应对萧条期的考验就体现了一种居安思危的意识，创业者需要树立这种风险防范的意识，这样在面对不景气的市场时，才能够从容应对。

4.3 赚到第一桶金后，你应该远离什么

创业之路无疑是艰难的，创业者赚到第一桶金也是十分不容易的。在赚到第一桶金后，很多创业者的第一想法就是进行扩张，想要赚到更多的钱，但事实上，公司扩张并不是一件简单的事，盲目扩张往往会导致公司陷入危机。创业者赚到第一桶金后，必须远离盲目扩张。

许阳是一家乳制品制造公司的创业者，经过三年的发展，公司的经营趋于稳定，许阳也赚到了创业后的第一桶金。这之后，许阳逐渐变得狂妄自大起来，认为公司的发展形势一片大好，应该趁机扩大生产规模，以赚取更多利润。但公司的其他管理者并不认可许阳的想法，因为当前市场竞争尤为激烈，业内的一些公司推出了新的品类，获得了用户的广泛好评，他们认为公司应抓住这个潮流，积极研发新品类，以抢占用户群。

但许阳根本不听其他人的建议，他认为公司的成功完全是自己的功劳，执意要在当下扩展生产规模，投入了大量资金用来扩建工厂和购买机器设备。等到公司的乳制品大量上市的时候，业内几家公司已经先后研发并推出了一种新口味的乳制品，十分受用户欢迎。在这种情况下，许阳公司的乳制品的销量不断下滑，大量生产的乳制品导致库存严重积压。

而乳制品销售不畅，许阳前期投入的资金无法回笼，公司一下子陷入了现金流危机。这时，许阳再想研发新品已经晚了，不仅没有资金，也失去了先机。最终，在激烈的市场竞争中，许阳

的公司逐渐被淘汰了。

一些创业者在赚到第一桶金后，往往会被这巨大的惊喜冲昏头脑，希望通过扩大公司规模赚到更多的钱，但这往往会为公司带来巨大风险。创业者一定要居安思危，在赚到第一桶金后，要对这笔钱的使用做好合理的规划，切不可盲目地扩大公司规模。

创业者必须要做到稳健中求进步。获得第一桶金的原因来自多个方面，包括良好的市场环境、政策的支持、员工的努力等，但如果赚到第一桶金后，市场环境已经不明朗了，创业者就应及时调整公司发展方向，而不是盲目地扩大公司规模。

4.4　创业遇挫后，寻找东山再起的机会

为什么对创业者来说居安思危很重要？不仅是创业维艰，更在于创业失败后的后果十分严重。对于很多创业者来说，一旦创业失败，就难以再遇到创业东风，东山再起也成奢望。

对于一个曾经创业成功过的创业者来说，即使经历过创业失败，也积攒了创业的经验，但为什么说创业者东山再起是奢望呢？主要在于以下几个原因，如图 4–1 所示。

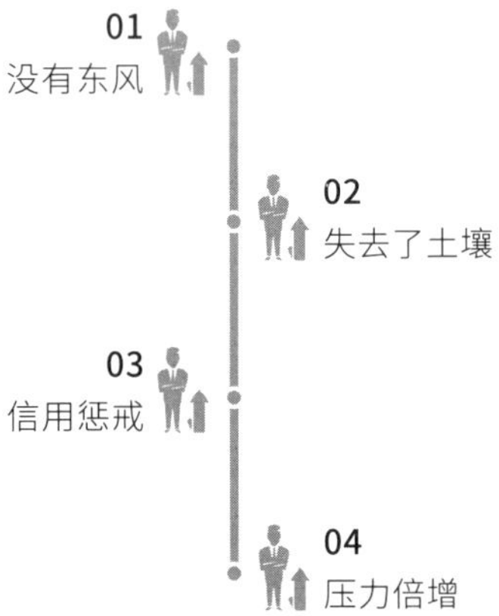

图 4–1　创业者难以东山再起的几个原因

1. 没有东风

创业离不开市场环境的影响，很多创业者之所以能够创业成功，离不开良好的市场环境的助力。可能在创业之初，创业者找到了一个蓝海领域，市场中的竞争也并不激烈，所以能够较为容易地创业成功，但等到创业者创业失败之后，可能市场上的竞争已经十分激烈，或者政策环境已经不太友好，失去了外部这股东风的助力，创业者再创业也难以东山再起。

2. 失去了土壤

当前，互联网与各种先进科技快速发展，为创业提供了新的土壤，但曾经的一些创业成功的创业者，都是在传统领域发力的。这导致他们在创业失败之后，可能找不到传统行业在新时期下的转机，也不太适应或看不懂当下的互联网经济，在思维上形成了断层。对于这些创业者来说，他们已经失去了能够让其创业的土壤，而在新的土壤中他们也抓不到新的机会，因此难以东山再起。

3. 信用惩戒

信用惩戒对于创业者来说是极为致命的。很多创业者创业失败的时候都会负债累累，成为债务违约者，而一旦由于失信被列入执行人名单，将对创业者的再创业造成致命打击。基于信用惩戒的一系列措施，创业者将不能成为公司的法人代表、董事等高管，政府采购、融资信贷也会与创业者无缘。在这种情况下，创业者要想东山再起只是奢望。

4. 压力倍增

在遭遇创业失败后，创业者再次创业的压力要远远大于初次创业的压力。首先，经历过破产后创业者往往会面临经济压力，难以筹集创业资金；其次，创业失败会影响同行间其他合作伙伴对自己的印象，甚至会导致自己的创业能力被怀疑，在这种情况下，创业者获取各种资源就会受阻，面临较大的资源压力；再次，创业失败可能意味着创业者之前的创业项目并不被市场所看好，这时创业者往往需要寻找新的创业项目和新的市场机遇，面临较大的市场压力；最后，再创业也会给创业者带来巨大的精神压力，他人对自己的怀疑、生活的压力等都会加重创业者的精神压力。

出于以上几个原因，创业者要想东山再起无疑是一种奢望。因此，在取得创业的初步成功之后，创业者要懂得珍惜得来不易的创业果实，要学会居安思危，努力让自己走得更加长远。

4.5 任正非：我天天思考的都是失败

华为从一个小公司发展成为全球顶尖的通信设备制造企业，其三十余年的发展史犹如一幅波澜壮阔的画卷。同时，伴随着华为成长的不仅是成功的喜悦，也包括如影相随的危机。危机不是来自市场，而是源于华为创始人任正非的认知。

任正非具有很强的危机意识，他曾用《华为的红旗能打多久》《活下去是企业的硬道理》等文章来提醒员工要居安思危。此后，任正非又发表了《华为的冬天》一文，并在其中表示："我天天思考的都是失败，对成功视而不见，也没有什么荣誉感、自豪感，而是危机感。"

同时，任正非认为："我们公司的太平时间太长了，在和平时期升的官太多了，这也许就是我们的灾难。泰坦尼克号也是在一片欢呼声中出的海。而且我相信，这一天一定会到来。面对这样的未来，我们怎样来处理，我们是不是思考过。我们好多员工盲目自豪，盲目乐观，如果想过的人太少，也许就快来临了。居安思危，不是危言耸听。"

在任正非的倡导下，华为人普遍具有较高的危机意识，这也是华为能够持久发展的重要原因。而在华为成为全球通信行业的领先者之后，任正非又提醒华为管理者"让听得到炮声的人做决策"，积极推进企业管理转型。随后，任正非创造性地设计了"轮值 CEO 制"，带领这个已经非常成功的企业进行全面的组织转型。

在任正非看来，华为发展越快，获得的成功越多，他的危机意识就越强烈。他曾这样告诫华为的高管："一个企业，一个组织，如果总是背负成功与辉煌的包袱，这个企业其实也离死亡不远了。"任正非的危机意识源自其对市场的深远考虑，渗透在华为发展的诸多阶段。

在华为发展的过程中，几乎在企业每一个值得鼓掌的关头，任正非都通过这种当头棒喝的做法，激起华为人的危机意识。也是在这样的管理之下，华为人才没有被胜利冲昏头脑，不断进取。

第 5 章 注册风险：注册不只是走流程，很可能还没开始就结束

很多创业者匆忙注册了公司，随后却发现公司存在很多问题，难以运作，甚至自己也进了工商局的黑名单，这是为什么？公司在注册过程中涉及一系列问题，例如，如何确定注册名称、注册资本，注册后有哪些注意事项等。创业者需要认真对待这些问题，规避注册失败的风险。

5.1 相似的注册名称可能会侵权

公司的名称是公司的身份象征，是与其他公司构成区别的标志。一个合适、合法的名称，能够彰显公司的特点，帮助公司在

以后的业务洽谈中更加顺利。给公司起名有不少讲究，例如，好听、易记、便于传播等，公司的名称最好与公司的品牌一致，便于后期做品牌推广。但要注意的是公司名称如果与第三方公司极为相似，可能会在后期发生侵权纠纷。

创业者在确定公司名称时，最好提前确认一下名称与商标是否已被注册，避免后期发生纠纷对簿公堂。另外，一旦公司名称确定，创业者要第一时间注册与公司名称对应的商标及域名，以免发生第三方抢注事件，为他人做嫁衣。如果公司商标被第三方抢注，创业者不仅很难申诉成功，还需要花大代价从第三方手中买回商标。

王先生开办了一家公司，全称为“沈阳 ABC 工程有限公司”（以下简称“沈阳 ABC 公司”）。一天，王先生在网上看到一则广告，内容多次提到“沈阳 ABC 工程”，一开始还以为是自己公司的广告，结果发现该广告的发布公司名称为“沈阳 CDE 工程有限公司”（以下简称“沈阳 CDE 公司”）。

后来，沈阳 CDE 公司多次以“沈阳 ABC 工程”“ABC 工程沈阳分公司”为名对外宣传。后来王先生经调查发现沈阳 CDE 公司与北京 ABC 工程有限公司（以下简称“北京 ABC 公司”）签订了特许经营合同，所以该公司才会用上述字眼进行宣传。但沈阳 ABC 公司认为沈阳 CDE 公司在宣传时所使用的字眼与自己的注册名称高度相似，会造成消费者的混淆，因此认定其侵犯了自己的企业名称权，于是将沈阳 CDE 公司告上了法庭。

因为北京 ABC 公司先于沈阳 ABC 公司注册，而且沈阳 CDE 公司与北京 ABC 公司之间早已签订特许经营合同，所以法院最终没有认定沈阳 CDE 公司使用“ABC 工程”字眼属于侵权行为。沈阳 ABC 公司最终只能暗自吃了个“哑巴亏”。

不仅是创业公司，老字号的商标纠纷也屡见不鲜。北京知识产权法院曾就北京稻香村诉苏州稻香村食品有限公司、北京苏稻食品工业有限公司商标侵权及不正当竞争纠纷案作出行为保全裁定：苏州稻香村立即停止在 1 号店、苏宁易购、我买网、京东商城、天猫商城等电商平台销售及宣传带有“稻香村”扇形标志、“稻香村”标志的糕点等产品。

苏州稻香村随后立即启动复议措施，在提交的《保全裁定复议申请》中，苏州稻香村表示，“稻香村”的商标和字号已经使用了 244 年，1982 年在糕点类已注册的稻香村组合商标中的显著部分就是“稻香村”文字，如图 5-1 所示。因此，请求北京知识产权法院依法撤销此前作出的行为保全裁定，同时向法院提供了 6000 万元作为反担保。最终法院支持了苏州稻香村这一请求。

苏州稻香村商标　　北京稻香村商标

图 5-1　苏州稻香村与北京稻香村的商标

北京稻香村对于法院的“变脸”感到非常意外，并表示仍认为苏州稻香村存在侵犯北京稻香村注册商标的可能性，所以将对解除保全裁定进一步提起复议。

"北稻"和"苏稻"之争至今也未有定论。由于品牌名气非常大，又经过多年经营，有了非常广泛的消费者基础，无论认定哪一方侵权，都会给另一方带来巨大的经济损失，所以这场商标之争注定是一场永无休止的内耗大战。

由此可见，名称对一家公司有多么重要。它是与其他公司相区别的标志，起着门户的作用，一旦发生纠纷，两家公司定是谁也不会相让。所以，在进行公司注册的时候，创业者一定要保证商标不能侵权，并且尽快注册与名称相关的商标及域名，以免第三方抢注，侵害自己的权益。

5.2 注册资金额度越高越好吗

在注册公司时，一定会涉及的一个问题就是注册资本。注册资本意味着什么，它是否与公司需要承担的风险成正比，它是否有额度的限制？很多创业者在注册公司时，在注册资本方面都会存在诸多疑虑。

当前，公司注册不存在注册资本额度的限制问题。创业者既能以 1 元为注册资本注册公司，也能以 1 亿元为注册资本注册公司，在这种情况下，很多创业者不知道究竟填写多少注册资本才是最合适的。

公司的注册资本额度意味着什么？虽然《中华人民共和国公

司法》(以下简称《公司法》)取消了最低注册资本的限制，但并不意味着注册公司就没有任何条件，那种“1元公司”的说法只是一个形象的比喻，因为注册资本只是设立公司需要具备的基本条件之一。此外，维持公司的基本运营也需要一定的资本，完全不花钱开公司是不可能的。

还有一些创业者为了使公司看起来有实力，完全不考虑公司的经营能力，填写了1亿元的注册资本。殊不知，注册资本填写得越多，公司承担的风险也会越大。如果创业者注册了1亿元的一人公司，那么他将承担以下责任。

(1)公司如果进入破产偿债程序，则要以1亿元为限清偿债务。

(2)根据《中华人民共和国印花税暂行条例》规定，公司注册登记后，办理税务登记手续时还要缴纳注册资本(金)0.05%的印花税，也就是只印花税就要交5万元。

注册资本越大，创业者需要承担的责任越大。注册资本为1亿元，创业者就要承担1亿元的责任，当公司经营不善倒闭时，也要承担1亿元的债务。同时，虽然公司的实缴资本验资程序不存在了，但公司的认缴资金会在信用信息公示系统中公示出来，监管部门也会对公示内容和实缴资金情况进行核查，如果不一致，将会依法对公司进行处罚，并将其拉入“经营异常名录”向社会公示。

因此，公司的注册资本不是越多越好。虽然注册资本的最高限额在法律上无规定，但是创业者要根据公司的实力、规模酌情填写，规避注册风险。具体而言，创业者在填写注册资本时，可参考以下两个方面。

首先是行业情况。不同行业对注册资本有不同的要求，同行公司的注册标准也很有参考意义，创业者可以在全国企业信用网上进行查询，参考同行业公司的注册资本。其次是考虑公司的经营能力和规模。注册资本是可以进行增资的，在公司刚创立时，由于公司规模小，经营能力较弱，创业者可以将注册资本填写得相对少些，等到后期公司规模扩张、公司有能力承担更大责任时，再进行增资。

5.3 公司注册后长期不经营可能会被吊销执照

很多创业者注册了公司，但出于各种原因，注册后并没有经营。如果注册后的公司长期不经营，则会存在诸多风险。

《中华人民共和国公司登记管理条例》第六十七条规定："公司成立后无正当理由超过 6 个月未开业的，或者开业后自行停业连续 6 个月以上的，可以由公司登记机关吊销营业执照。"即公司 6 个月不经营，就会被公司登记机关吊销营业执照。

被吊销营业执照的后果十分严重，主要表现为以下几个方面。

（1）《中华人民共和国企业名称登记管理办法》第三十一条规定，被吊销营业执照的企业名称三年之内不得使用。

（2）公司法第五十七条规定，担任因违法被吊销营业执照的公司、企业的法定代表人，并对该企业违法行为负有个人责任，自该公司、企业被吊销营业执照之日起未逾三年的，不得担任公司的董事、监事、经理。

（3）《中华人民共和国企业法人法定代表人登记管理规定》规定，担任因违法被吊销营业执照的企业的法定代表人，并对该企业违法行为负有个人责任，自该企业被吊销营业执照之日起未逾三年的，不得担任其他企业的法定代表人。

（4）被吊销公司的出资人或股东应依法进行组织清算，拒不清算的，要承担由此产生的法律后果。

（5）被吊销营业执照的公司，应将营业执照、公章等缴回原登记机关，如不缴回，则违反登记管理相关法规。如果公司以应收缴的营业执照从事经营活动，则属于无照经营。

（6）公司法人代表的信用受损，产生不良信用记录，对工作和生活造成巨大打击，限制消费等。

为规避以上风险，在注册公司之后，创业者需要做好以下几个方面。

（1）进行零申报：即使没有业务，创业者也需要进行零申报，同时连续三个月或一年内零申报超过 6 个月，就会显示税务异常，因此创业者也不能一直零申报，有业务的时候就及时申报。

（2）及时建立账本明细，即使没有收入，也要将支出做账。

（3）按时参加年检：即使周期没满一年，也要在当年参加年检。

如果创业者无法继续经营公司，可向工商登记管理部门申请注销公司。先通过公示宣告公司即将注销，再依次办理银行账户、国地税、营业执照、公章的注销，如果公司税务存在问题，则需要解决税务问题后再办理注销。

如果觉得将公司注销太麻烦，创业者也可将公司转让。如果公司存在行政处罚、涉税问题，必须等问题解决后才能办理公司转让。如果公司有商标或其他特殊许可证，则会增加转让成功的概率。

公司注册后长期不经营存在很大风险，因此在未做好准备之前，创业者不可盲目跟风，而公司注册后难以经营的创业者也要尽快做出决定，是选择注销公司还是转让公司，不要等到遭受处罚后才追悔莫及。

5.4 制定公司章程，规避注册风险

在注册公司时，创业者必须对公司章程加以重视。如果创业者注册的是个人独资企业，则不需要制定公司章程；但如果创业者想要注册有限责任公司，就需要制定好公司章程，否则无法完成注册。

公司法第二章第二十三条规定了有限责任公司的设立条件。

设立有限责任公司，应当具备下列条件：

（一）股东符合法定人数；

（二）有符合公司章程规定的全体股东认缴的出资额；

（三）股东共同制定公司章程；

（四）有公司名称，建立符合有限责任公司要求的组织机构；

（五）有公司住所。

公司章程是指公司依法制定的规定公司名称、住所、经营范围、经营管理制度等重大事项的基本文件，也是公司必备的规定公司组织及活动基本规则的书面文件。公司章程是股东共同一致意见的体现，载明了公司组织和活动的基本准则，是公司的宪章。

公司章程与公司法一样，共同肩负着调整公司活动的责任。

首先，公司章程是一个公司进行经营管理等各项活动的依据。有了这个依据，公司的各项活动就能有效避免因人为因素而导致的不公平现象的出现。可以说，这是一个公司取得长足发展的基本前提。而且，市场监督管理局等管理部门也需要对这份章程进行审阅。因此，在新公司注册之前，创业者需要将公司章程制定出来。

其次，公司章程的制定并非随意而为之，它需要遵守公司法等国家相关法律、法规的规定。对于股份有限公司来说，它还需要经过公司股东或董事会的审议，在得到股东或董事会的一致同意后，才能正式被确定实施。这样一来，就能保证公司的各项制度和活动是在法律允许的范围内进行的。

由此，公司章程的重要性和必要性就体现出来了。为了确保公司章程能切实发挥其作用，创业者在制定公司章程时需要考虑以下 4 个方面的内容：

（1）以公司法等法律、法规为依据；

（2）从行业发展的总态势出发；

（3）参考同行业内大型公司的章程；

（4）聘请专业的法律顾问解决所涉及的法律问题。

创业者从以上 4 个方面出发，能够制定出有效的公司章程，进而推动公司的发展。

总之，作为公司组织与行为的基本准则，公司章程对公司的成立及运营具有十分重要的意义，它既是公司成立的基础，也是公司赖以生存的灵魂。公司章程模板，如表 5-1 所示。

表 5-1　公司章程模板

公司章程

第一章　总　则

第一条　依据《中华人民共和国公司法》（以下简称公司法）及有关法律、法规的规定，由__________出资，设立__________（以下简称公司），特制定本章程。

第二条　本章程中的各项条款与法律、法规、规章不符的，以法律、法规、规章的规定为准。

第二章　公司名称和住所

第三条　公司名称：______________________________

第四条　住所：______________________________

第三章　公司经营范围

第五条　公司经营范围：______________________________

第四章　公司注册资本及股东的姓名（名称）、出资方式、出资额、出资时间

第六条　公司注册资本：______万元人民币。

第七条　股东姓名（名称）、证件号码、出资方式、出资额、出资时间如下：______________________________

第五章　公司的机构及生产办法、职权、议事规则

第八条　公司不设股东会，公司高级管理人员由执行董事、监事、经理组成。公司股东行使下列职权。

续表

股东姓名（名称）	证件号码	出资方式	出资额（万元）	出资时间
合计				

（一）决定公司的经营方针和投资计划。

（二）任命执行董事、监事，决定有关执行董事、监事的报酬事项。

（三）审议批准执行董事的报告。

（四）审议批准监事的报告。

（五）审议批准公司的年度财务预算方案、决算方案。

（六）审议批准公司的利润分配方案和弥补亏损方案。

（七）对公司增加或者减少注册资本作出决议。

（八）对发行公司债券作出决议。

（九）对公司合并、分立、解散、清算或者变更公司形式作出决议。

（十）修改公司章程。

（十一）聘任或解聘公司经理。

第九条　公司不设董事会，设执行董事一人，执行董事为公司法定代表人，对公司负责。执行董事任期三年，任期届满，可连选连任。

第十条　执行董事行使下列职权。

（一）决定公司的经营计划和投资方案。

（二）制定公司的年度财务预算方案、决算方案。

（三）制定公司的利润分配方案和弥补亏损方案。

（四）制定公司增加或者减少注册资本以及发行公司债券的方案。

（五）制定公司合并、分立、解散或者变更公司形式的方案。

（六）决定公司内部管理机构的设置。

（七）提名公司经理人选，根据经理的提名，聘任或者解聘公司副经理、财务负责人，并决定其报酬事项。

（八）制定公司的基本管理制度。

第十一条　公司设经理，由股东聘任或解聘。经理对公司股东负责，行使下列职权。

（一）主持公司的生产经营管理工作，组织实施股东会决议。

（二）组织实施公司的年度经营计划和投资方案。

续表

（三）拟订公司内部管理机构设置方案。

（四）拟定公司的基本管理制度。

（五）制定公司的具体规章。

（六）提请聘任或者解聘公司副经理、财务负责人。

（七）决定聘任或者解聘除应由执行董事决定聘任或者解聘以外的负责人或管理人员。

第十二条　公司设监事一人，由公司股东任命产生。监事对公司股东负责，监事任期每届三年，任期届满，可连选连任。监事行使下列职权：

（一）检查公司财务。

（二）对执行董事、高级管理人员执行公司职务的行为进行监督，对违反法律、行政法规、公司章程或者股东会决议的执行董事、高级管理人员提出罢免的建议。

（三）当执行董事、高级管理人员的行为损害公司的利益时，要求执行董事、高级管理人员予以纠正。

（四）提议召开临时股东会会议，在执行董事不履行公司法规定的召集和主持股东会会议职责时召集和主持股东会会议。

（五）向股东会会议提出提案。

（六）依照公司法第一百五十二条的规定，对执行董事、高级管理人员提起诉讼。

第六章　公司的法定代表人

第十三条　公司不设董事会，设执行董事一人，执行董事为公司法定代表人，对公司股东负责，由股东任命产生。执行董事任期三年，任期届满，可连选连任。执行董事在任期届满前，股东不得无故解除其职务，本公司法定代表人为__________。

第七章　股东会会议认为需要规定的其他事项

第十四条　公司登记事项以公司登记机关核定的为准。

第十五条　本章程自公司设立之日起生效。

第十六条　本章程一式三份，股东留存一份，公司留存一份，并报公司登记机关备案一份。

第十七条　公司的营业期限为____年，自营业执照签发之日起计算。

股东签字、盖章：

年　　月　　日

此外，当公司章程经过修改后，必须及时到工商部门进行登记。若因客观原因致使修改后的章程无法到工商部门进行登记的，则要保证其修订程序严格遵守公司法的规定，按规定的流程进行。公司章程的修订流程包括以下几个方面。

（1）召集。股东大会应由公司董事会依照公司法的规定进行召集，董事长负责主持。

（2）确定时间地点。会议召开十五日前对各股东发起通知；若发行无记名股票的，则要在会议召开三十日前对召开的地点、时间和审议事项进行公告。

（3）公司临时提案。单独或合计持有股份 3% 以上股份的股东，可于股东大会召开十日前拟定临时提案，提交给董事会。

（4）表决与通过。表决可以使用会议表决法，但必须半数以上出席会议的股东同意才能通过。若股东大会作出修改公司章程、增加或减少注册资本的决议，以及公司合并、分立、解散或者变更公司形式的决议，必须三分之二以上出席会议的股东同意才能通过。

（5）形成会议记录。股东大会上涉及的所有事项及决定都必须制作成会议记录，主持人和出席会议的股东都必须在会议记录上签名。

总之，创业者必须严谨对待公司的章程，不仅要制定完善的公司章程，也要在公司章程的修订方面遵守必要的流程。

5.5 不及时办理注册地址变更登记，公司可能面临处罚

一般情况下，公司注册地与办公地点是一致的，那么，如果公司变更了办公地址又没有及时办理注册地址变更登记，有什么风险？

（1）《中华人民共和国公司登记管理条例》第六十八条规定，公司登记事项发生变更时，未依照本条例规定办理有关变更登记的，由公司登记机关责令限期登记；逾期不登记的，处以 1 万元以上 10 万元以下的罚款。这就意味着，经工商行政管理机关查处，会被处以 1 万元以上 10 万元以下的罚款。

（2）《中华人民共和国企业法人登记管理条例施行细则》第四十九条第（三）项规定，擅自改变主要登记事项，不按规定办理变更登记的，予以警告，没收非法所得，处以非法所得额 3 倍以下的罚款，但最高不超过 3 万元，没有非法所得的，处以 1 万元以下的罚款，并限期办理变更登记；逾期不办理的，责令停业整顿或者扣缴营业执照；情节严重的，吊销营业执照。这意味着公司将面临警告、限期办理登记、责令停业整顿、扣缴营业执照、吊销营业执照等行政处罚。

（3）《中华人民共和国民事诉讼法》第二十二条规定，下列民事诉讼，由原告住所地人民法院管辖；原告住所地与经常居住地不一致的，由原告经常居住地人民法院管辖：

（一）对不在中华人民共和国领域内居住的人提起的有关身份关系的诉讼；

（二）对下落不明或者宣告失踪的人提起的有关身份关系的诉讼；

（三）对被采取强制性教育措施的人提起的诉讼；

（四）对被监禁的人提起的诉讼。

如果公司涉及诉讼事项，对公司法人提起的诉讼由公司住所地法院管辖，法院文书也会送往住所地址。如果因为公司办公地址变更而没有收到法院文书未出席法庭，则公司就要承担败诉风险。

注册地址与办公地点不一致，属于擅自变更办公地址的行为。创业者要及时到工商部门和税务部门办理地址变更的相关手续，将公司注册地址变更为办公地址。此外，创业者也可以在办公地址注册分公司，使注册地址与办公地址一致。

5.6 虚假材料注册公司，创业者被列入黑名单

2021 年初，创业者覃某注册的公司因涉及虚假登记行为被立案调查，后经调查发现，覃某在注册公司时提交的房屋租赁协议、住所使用证明等为虚假材料。最后，覃某不仅被处以罚款，营业执照也被吊销。而这也意味着其进入了登记机关的黑名单。

公司法第一百九十八条规定，违反本法规定，虚报注册资本、提交虚假材料或者采取其他欺诈手段隐瞒重要事实取得公司登记

的，由公司登记机关责令改正，对虚报注册资本的公司，处以虚报注册资本金额百分之五以上百分之十五以下的罚款；对提交虚假材料或者采取其他欺诈手段隐瞒重要事实的公司，处以五万元以上五十万元以下的罚款；情节严重的，撤销公司登记或者吊销营业执照。

同时，《中华人民共和国公司登记管理条例》第六十四条规定，提交虚假材料或者采取其他欺诈手段隐瞒重要事实，取得公司登记的，由公司登记机关责令改正，处以 5 万元以上 50 万元以下的罚款；情节严重的，撤销公司登记或者吊销营业执照。

而一旦公司被吊销营业执照，创业者就会被列入黑名单。《中华人民共和国企业法人法定代表人登记管理规定》第四条规定，有下列情形之一的，不得担任法定代表人，企业登记机关不予核准登记：……（六）担任因违法被吊销营业执照的企业的法定代表人，并对该企业违法行为负有个人责任，自该企业被吊销营业执照之日起未逾三年的。

根据以上法律法规可知，一旦创业者使用了虚假材料注册公司，就会被罚款、撤销登记或吊销营业执照。为规避以上风险，创业者需要提交真实有效的注册材料，证明该注册地址符合法律法规的要求。一般来说，可以作为公司注册地址证明材料的有以下 11 种。

（1）《房屋所有权证》复印件。

（2）国有土地《土地使用权证》复印件。

（3）房屋管理部门颁发的《房屋租赁许可证》复印件。

（4）土地管理部门颁发的《土地使用权租赁许可证》复印件。

（5）属于国有土地上新建的房屋，尚未领取《房屋所有权证》或《土地使用权证》的，则提供建设部门颁发的《建筑施工许可证》复印件。

（6）属于新购买的房屋，尚未领取《房屋所有权证》或《土地使用权证》的，则提供购房合同、发票、商品房预售证复印件。

（7）属于公房，未取得《房屋所有权证》和《土地使用权证》的，则提供由房屋管理部门出具的有关产权证明。

（8）属于集体土地上建造的房屋，暂时无法提供产权证的，如产权属于乡、镇政府所有，可由乡、镇政府出具同意使用场地的证明；如产权属于农民或村委会所有，可由房屋所在区国土资源部门或房屋管理部门出具同意使用场地的证明。

（9）如果注册地址是宾馆、饭店、招待所等，则提供拥有“住宿”经营范围或“房屋出租”经营范围的公司营业执照复印件。

（10）如果房屋性质属于军产，则提供所在军区后勤部颁发的《军队房产租赁许可证》复印件。

（11）如果注册地址在市场里，则提供《市场名称登记证》复印件。

如果公司注册地址是租借的，那么创业者不仅要提交以上产权证明，还要提交一份使用证明。它可以是以下材料中的任何一种。

（1）如果办公地址是租赁的，则提供房屋租赁协议（出租方应是房屋所有者，承租方应是正在申请开办的公司）。

（2）如果办公地址属于转租的情况，则提供转租协议（出租方为原承租方），以及房屋所有权人出具的同意转租的证明或在转租协议上盖章确认。

（3）如果办公地址是由母公司无偿提供的，则提供由母公司出具的无偿使用证明。

（4）如果房屋产权属于股东所有，由股东无偿提供给所投资的公司使用的，则提供由股东出具的无偿使用证明。

如果创业者有以上类型的证明材料，就可以提交给市场监督管理局申请公司注册。

5.7 商标被抢注，A 站与 B 站的商标纠葛

通常情况下，公司不仅会有自己的名称，还会有属于自己的商标。这两者既是一个公司身份的象征，也是一个公司区别于其他公司的标志。那么，在注册公司名称的同时，创业者需不需要同时注册商标呢？答案是肯定的，因为这样可以避免出现自己的好创意为他人所用的尴尬局面。

注册商标能够保护创业者的商标权。《中华人民共和国商标法》规定，通过申请注册取得商标专用权是商标权取得的法定方式。创业项目中的商标大多名气不足，申请注册才可以获得更有效的权利保障。创业者不应因为项目或公司刚起步商标价值不高而忽视商标注册。

2019 年 3 月 7 日，一个“A 站 B 站商标纠纷”的商标权法律

诉讼引起大家关注。上海哔哩哔哩动画有限公司实际控股的上海幻电信息科技有限公司起诉北京弹幕网络科技有限公司实际控股的北京赛瑞思动文化传播有限公司抢注第 10 类名叫“哔哩哔哩”的商标。

哔哩哔哩（B 站）成立于 2009 年 6 月，并于 2010 年 1 月正式命名为“哔哩哔哩”，并逐渐发展成为中国最大的二次元网站。商标纠纷缘由是一家由 AcFun 视频网（A 站）的运营方广州弹幕网络科技有限公司 100% 持有的子公司，于 2015 年 4 月 14 日申请了一个名为“哔哩哔哩”的商标，国际分类为第 10 类，专用权期限自 2016 年 4 月 14 日起至 2026 年 4 月 13 日止。

对此法院认为：“申请人提交的在案证据不能证明申请人已将‘哔哩哔哩’‘bilibili’商标在争议商标申请注册日之前”，“在原告未能举证证明诉争商标的注册对其造成实际损害的情况下，诉争商标的注册未违反商标法第三十二条的规定。原告的相关主张不能成立，本院不予支持”。B 站起诉商标被宣布无效。

2019 年 3 月 15 日，AcFun 弹幕视频网（A 站）微博宣布已成功提交注销“哔哩哔哩”商标的申请。声明表示：“赛瑞思动在 2015 年 4 月注册了该商标。2017 年，赛瑞思动被 A 站收购。此事已过去四年，前文提及的商标，无益于提升 A 站的竞争力，也不符合快手与 A 站的价值观。公司决定注销此商标，注销申请已成功提交，预计需要 2 ~ 3 个月可完成。”至此，A 站、B 站的商标权案件以 A 站公开主动注销商标而告一段落。

A 站、B 站商标风波从侧面表明：如果创业前期忽视了商标注册，那么在飞速发展的后期，很可能需要从他人手中购回所需商标权。而且，只有在无正当理由的前提条件下连续三年不使用，其他人才可以向有关单位申请撤销商标注册。所以，为了避免被动局面，创业者要及时注册商标，并且提前将商标申请的类别注册齐全，以防在高速发展的后期，因为商标抢注问题影响市场的扩张。

除了自己使用的商标类别齐全外，创业者还可以多注册一些相似商标。这些商标可能与你使用的商标名称相似，容易产生混淆。将其一并进行注册的好处是避免第三方注册这些相似商标名称对公司造成不良影响。

第 6 章
财务控制风险：公司 90% 的危机都来自现金流管理失当

公司经营就是现金流循环的过程。现金流是公司的生命线，一旦现金流断裂，公司的经营也会陷入危机。许多公司倒闭、破产都是因为现金流断裂、财务控制失败。过度赊销、乱用财务杠杆、库存积压、运营资金被占用等都会导致公司财务失控，创业失败也在所难免。

6.1 过度赊销，账面上只剩下应收账款

应收账款是指企业提供产品或服务后，应向接受产品或服务的合作方收取的款项。为保证应收账款能及时到账，双方会约定

一个还款日期。合作方应在约定的时间内付款，企业则需要在同一时间内对款项进行核算，然后确认收款。

应收账款是购买方占用销售方资金的一种形式，而一个公司的发展离不开资金这一前提。事实上，目前很多公司都存在着信用销售的情况，也不可避免地形成了大量的应收账款。大量的应收账款会导致公司的现金流不足，甚至引发经营危机。

某电子公司的经营范围非常广，包括电视、空调、电子医疗产品等。经过多年的发展，公司的规模也越来越大。2019 年以来，该公司的应收账款迅速增加，突破 10 亿元，应收账款占资产总额的 20%，同时该公司的应收账款周转率也在不断下降。

在已有大量应收账款的情况下，2020 年 9 月，该公司与 A 公司的合作又进一步导致了公司应收账款的增加。为了扩大市场份额，该公司决定与 A 公司达成合作，委托 A 公司进行产品销售。而 A 公司资金实力较弱，只能以赊销方式进货。双方达成合作后，该公司又多了一笔应收账款。

截至 2020 年 12 月，该公司应收 A 公司账款 2 亿元，而根据该公司对 A 公司资产的估算，能收回的资金只有 1 亿元左右。最终，这笔应收账款并没有按期收回，而这直接导致了该公司的经营危机。

为应对激烈的市场竞争，扩大市场占有率，公司对销售商进行赊销是常见的做法。但赊销应适度，过度赊销极易引发经营危机。

为了避免资金都变为应收账款，公司需要做好以下两个方面。一方面，公司应对合作方进行背景调查，了解对方的资金实力、信用情况、以往合作记录等。如对方资金实力较弱，信用情况不佳，那么对此进行赊销就存在极大风险。另一方面，公司需要做好应收账款的管理。在与合作方签订赊销合同时，应明确双方的责任和义务，约定还款期限和违约责任。这样即使对方违约，公司在进行维权时也有据可依。同时在对赊销合同进行管理时，公司需要时刻关注对方的还款期限，积极追讨账款。

6.2 乱用财务杠杆，公司被负债压垮

在缺乏创业资金的情况下，一些创业者可能会通过杠杆运营的方式经营公司，即通过借贷的方式获得经营公司的资金。这的确能够为公司解决资金问题，但是创业者同样要注意适度使用杠杆，高杠杆运营将会加大公司运营的风险，并且一旦风险发生，将会对公司造成巨大打击。

周阳一直有一个创业梦，虽然手中的资金不足，但他还是成立起了自己的制造公司。为了成功建立公司，周阳在自己现有 10 万元的基础上向金融机构贷款 20 万元，用这 30 万元建立起了公司。

除了租赁公司场地、招聘员工等花销外，周阳将大部分的钱用在了购买机器设备方面。之后，为获得公司运营的流动资金，他又向金融机构抵押了所购买的机器设备，获得了 30 万元，以

此发展业务，应对公司的日常支出。

而此时，周阳的公司虽然能够正常运转，但是也欠下了50万元的债务，需要定期偿还两次贷款的利息。一段时间后，因为公司的产品出现了问题，导致公司的一个大客户终止合作，这不仅使公司遭受了损失，也失去了一大笔收入，而在这时，公司依旧需要支付金融机构的利息。在一系列压力下，公司的现金流断裂，难以运营，最终走向了破产。周阳不仅遭受了创业失败的痛苦，还背上了巨额债务。

在上述案例中，周阳只有10万元的启动资金，并先后借贷了50万元，这已经远远超出了他能够偿还的范围，这样的高杠杆运营使得公司承受风险的能力非常弱，一旦公司的经营出现了某些问题，就可能会对公司造成巨大打击。

创业者在经营公司的过程中，为了获得更好的经营业绩，往往会运用一定的杠杆，甚至会选择高杠杆运营，但创业者需要明白，高杠杆运营意味着高风险，如果公司有较高的杠杆比例，那么就会有较多的有息负债，这些负债是需要还本付息的，如果公司的经营效益差，就会面临非常大的资金压力，甚至无法按时还本付息而造成违约。

同时，在高杠杆运营的过程中，创业者往往会根据不同贷款的还款期限和公司的预计收入等制订一定的还款计划，如果出现了某些突发事件，如预计的收入没有到账、公司产生了计划之外的支出等，都会打乱创业者的还款节奏，导致公司的现金流出现问题，公司的运营也会出现危机。而如果出现公司账上现金无法偿还一方的负债时，就会产生连锁反应，导致其他债权人也会要求提前还款，在种种压力下，公司将面临破产清算。

因此，为避免高杠杆运营带来的风险，创业者应控制借贷的数额，并分析公司的利润能否正常偿还按期债务的本金和利息。如果公司的利润能够正常偿还按期支付的本金和利息，说明杠杆的运用对于公司来说是有利的；如果公司的利润难以偿还按期支付的本金和利息，则说明杠杆的运用对公司来说是有危害的，这时创业者就需要削减成本开支，以降低公司经营风险。

6.3 库存积压，资源不能有效变现

大量库存积压会导致公司资金的积压，同时闲置资源未有效利用也会造成资源浪费，影响公司的良好发展。对此，公司需要分析库存积压的原因，并提出有效的解决措施。

一些公司因为采购计划不合理、重复采购造成库存积压，部分物资甚至因超过有效保存期而报废，给公司造成损失。为避免这一问题，公司就要制定完善的采购制度，对入库物资做好记录，一旦发现重复采购的情况就要及时进行处理。

同时，很多公司是由于物资采购批量过大、集中到货导致的库存积压。例如，对于一些项目公司来说，为不耽误项目进度，公司往往会提前订购项目所需物资，这些物资也会集中到货。而在项目施工阶段，因为设计变更或项目计划调整等原因，可能会

造成已经采购的大量物资得不到利用，造成库存积压；同时，为了保证项目顺利完工，公司又会根据变更计划重新订货。

为规避以上风险，公司需要对仓库中的物资进行生命周期跟踪，保持合理的、安全的库存数量，这既能够满足生产，又能够提高资金利用效率。在具体操作上，公司可以进行批量订货，合理确定进货次数和进货量。这样，当公司的需求发生变化时，就可以灵活地调整采购方案，避免库存积压。

6.4 营运资金被长期占用，用钱的时候没钱

当公司的营运资金被长期占用，短期内不能形成收益时，就会导致公司的流动性资金不足，这会极大地增加公司运营的风险，一旦公司遭遇打击，就极有可能导致资金链断裂。

很多公司习惯于短资长用，运用杠杆效应，借入银行短期借款，用于购置公司长期资产。这虽然能够在一定程度上满足公司发展的资金需求，但会造成公司偿债能力下降，极易引发现金流危机。某家在市场中昙花一现的连锁超市就败于此。

该连锁超市在成立后的 8 年内开设了近 50 家分店，迅速发展为中国最大的零售商之一。大规模的扩张需要大量的资金支持，该连锁超市的核心模式是以银行贷款开新店扩张，通过供货商赊销经营，通过各分店间的现金调配平衡现金流。这种高速增

长的模式看似完美，却蕴含着巨大的现金流危机，资金链越来越紧绷。终于，当某银行收回一笔 2 亿元的贷款时，该连锁超市的各地门店也像多米诺骨牌一样纷纷倒掉。

要想规避公司发展过程中的运营风险，创业者不仅要保证公司账户上有足够的现金流，也要保证现金流的灵活性、流动性，以增强公司抵御风险的能力。在这方面，创业者需要了解一个概念——现金循环周期。

现金循环周期指的是公司在经营中从支出现金到获得现金所需的平均时间。计算公式如下：

现金循环周期 = 应收账款周转天数 + 存货周转天数 – 应付账款周转天数 = 营业周期 – 应付账款周转天数

公司的生产经营从采购原材料开始，到收回销售款项结束，现金循环周期就是这一过程中现金支出到现金收回的这个期间。现金循环周期反映了公司现金周转的速度，也反映了公司的短期资金需求情况。

在实际中，公司购入原材料时，往往都是赊购，也就是先收货后付款，这时就会产生应付账款。同时公司生产完产品，将产品进行销售时也是赊销，会产生应收账款。

影响现金循环周期的因素有应收账款周转天数、存货周转天数和应付账款周转天数。存货周转天数、应收账款周转天数越短，说明生产销售回笼资金的时间越短，公司的流动性储备更充足，资金需求也较低。应付账款周转天数越长，说明延迟支付的货款账期越长，现金流出的速度较慢，资金的需求也较低。公司通过对上述三个因素的调节，如提高存货周转效率、应收账款周转效率，降低应付账款周转率，可以有效提高现金使用效率。

当存货周转天数加上应收账款周转天数等于应付账款周转天数时，公司就无须投入资金，先赊购原材料，然后通过生产销售回笼资金，再支付原材料货款，只要公司不亏本，那么公司的经营资金投入就可以是零。

在公司经营的过程中，创业者需要对现金循环周期引起足够的重视，分析哪个环节出现了问题导致现金循环周期过长、运营资金在哪些方面被长期占用，并据此进行优化。

6.5 规模扩张过快，运营资金链断裂

资深IT工作者赵健从此前就职的公司辞职之后创办了自己的互联网公司。经过两年左右的发展，公司的经营逐渐趋于稳定，效益也十分不错。当下市场环境良好，为了抓住时机推动公司的快速发展，赵健决心扩张公司规模，于是他通过银行贷款筹集了资金，又找好了场地准备开设分公司。

分公司成立后，公司的规模扩大，业务也变得越来越复杂。赵健十分关注市场动态，每当市场中出现了新的热点，他都要在公司中开设新的业务，以求把握先机。但经过一段时间的发展，还没等到赵健收获公司扩张的喜悦，风险就先一步来了。原来，由于赵健在公司扩张的过程中投入了过多的资金，导致公司陷入

运转困境。无奈之下，赵健又通过民间借贷机构获得了一笔资金，但直到账上的钱花完，公司也没有度过这次危机。最终，赵健只得申请破产保护。

很多公司陷入经营危机都是因为现金流出现了问题，现金流一旦断裂，公司就只能倒闭。

公司的运作必然离不开资金，负债、产品、支出、人工等都需要资金，资金的流动支撑着公司的发展。为避免公司因运营资金不足而破产，创业者需要了解一个概念——公司的 180 天生存线。

什么是公司的 180 天生存线？简单来说，就是公司现有的能使用的现金流量能满足公司不少于 180 天的运营，这 180 天不是上限，而是底线。这条线就是一道用于提醒创业者的黄线，一旦触碰到这条线，创业者就要提高警惕。

2021 年 1 月，四川一家纸业公司倒闭，资金链断裂，公司拖欠员工 3 个月的工资，导致员工罢工堵门讨要工资，供应商也堵到公司门口。据供应商反映，这家纸业公司倒闭是因为公司欠了 1.9 亿元的外债，法人代表挪用资金投资了某高速公路的建设，才导致公司现金流断裂。

无独有偶，依旧是 2021 年 1 月，杭州一家包装制品公司的老板“失联”，工厂陷入停产状态。据知情人士透露，该厂前段时间就出现过主要原材料缺货的情况。工厂停产、老板“失联”，是由于老板前期大肆扩张公司业务，结果资金未能在预期时间内回流，从而导致公司现金流断裂。

纸业公司是将公司正常运作的资金挪作他用，而包装制品公司是无度扩张公司规模导致资金链断裂。这两个案例表明，不论创业者有怎样的规划、想要如何扩张公司，都一定要为公司保留180天的现金流，这是公司的生存线。有了这180天的缓冲期，即使公司面临资金危机，创业者也有时间去寻求融资或合作伙伴，这样就有机会把公司救活，而不是在面对危机时毫无招架之力。

6.6 多方投资，抗风险能力不足

除了经营活动之外，许多企业还会利用部分盈利资金进行投资活动，如购买债券、股票，或向其他企业以无形资产、实物、货币资金等形式进行投资。这些投资都会给企业带来财务风险。

例如，某企业经过多年发展，已具备较为雄厚的实力。为增加企业利润，该企业购买了不少股票，同时对多家创业公司进行了投资。但一段时间过后，该企业的经营出现了问题，急需大量资金支持，而企业账上的资金大部分用于投资，导致企业现金流不足，最终在一系列的打击下损失惨重。

为了保持稳定发展，企业必须加强对投资活动的风险控制。在开展投资活动时，企业应遵循以下原则，如图6-1所示。

1. 整体性原则

企业的经济活动包括筹资活动、经营活动、投资活动，在进

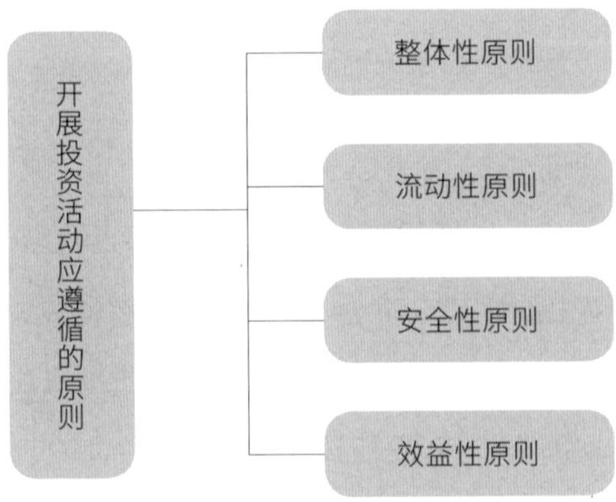

图 6-1　开展投资活动时，企业应遵循的原则

行投资决策时，企业应保证投资活动符合企业整体的发展战略，充分考虑企业的财务状况。

2. 流动性原则

无论开展怎样的投资活动，都应在企业有足够闲置资金的基础上进行。同时，企业应对所投资的项目进行调查，确保项目有良好的变现能力。这样当投资发生意外时，企业不至于落入被动的境地。

3. 安全性原则

企业进行任何投资活动都会面临不同程度的风险，因此，企业必须做好投资风险的规避。在决定投资之前，企业需要权衡投资回报和风险，结合企业的风险承受能力，做出有利于企业的决策。

4. 效益性原则

企业在投资前必然会考虑到效益问题。企业投资获得的效益不只有经济效益，还包括投资对企业经营发展的影响。

除了掌握以上原则外，企业还要加强对投资风险的管理。具体而言，企业应建立规范的投资决策机制，保证投资决策的正确性。

首先，企业需要避免可控风险的发生，对项目投资程序进行严格规范。提出方案、确定最优方案、拟订投资计划、进行可行性分析等环节，都要按照程序进行。其次，决策程序不能死板。企业需要时刻关注企业的经营状况和市场形势，在实施投资方案时，以利润最大化目标为导向，适当优化投资方案。例如，当企业资金流动性较弱时，就要选择变现性强的投资项目，以降低投资风险。

第 7 章 税务控制风险：查不到不等于没风险，税务是公司经营的高压线

税务是公司经营的高压线，如果公司在经营过程中违反了税收法律法规的规定，未纳税、少纳税，那么不仅需要补纳税款、缴纳滞纳金，还可能面临罚款或刑事处罚。这会影响公司的声誉，甚至引发公司走向破产。为此，创业者需要规避税务管理中的诸多风险，避免税务控制失败。

7.1 不核税、不报税或长期零申报可能造成税务异常

一些创业者注册完公司后不知道如何保护和经营公司，也不知道每个月要记账报税，等被拉入异常名单后才惊觉：原来不经

营并不等于不核税、不报税。

如果公司不核税、不报税，轻则被税务机关罚款，重则被列入税务异常，要恢复正常状态不仅要办理相关手续，还要缴纳滞纳金和罚款。记账报税是公司注册成立后每一个月都要做的工作，同时无论公司多小都需要做账，要保证账目齐全并依法报税。此外，在与市场监管局、税务局等部门打交道的时候，一定要符合其工作流程。

《中华人民共和国企业所得税法》（以下简称“企业所得税法”）第五十四条规定，企业所得税分月或者分季预缴。企业应当自月份或者季度终了之日起十五日内，向税务机关报送预缴企业所得税纳税申报表，预缴税款。企业在报送企业所得税纳税申报表时，应当按照规定附送财务会计报告和其他有关资料。

公司需要按照以上规定，按时核税、报税。同时，即使公司在一定时期内没有业务，也要进行零申报。对于年销售额未超过国家规定标准的小规模纳税人来说，零申报需要填写增值税纳税申报表（小规模纳税人适用）主表。以季度申报为例，一个季度内未开发票报表自动生成零申报，之后便可以提交数据。如果本季度内缴纳了金税盘技术维护费，那么这个费用可以抵扣增值税税金。

对于年销售额超过国家规定标准的一般纳税人来说，零申报需要填写增值税纳税申报表（一般纳税人适用）报表。如果有进项税金且本期申报所属期已经认证通过，则需要填写一般纳税人报表二。本期未开发票报表自动生成零申报，之后便可以提交数据。如果本期内缴纳了金税盘技术维护费，那么这个费用可以抵扣增值税税金。

在财务报表申报方面，一般纳税人资产负债表不可以无数据，而小规模纳税人资产负债表、利润表、现金流量表能够无数据零申报；在个人所得税申报方面，小规模纳税人和一般纳税人都要每月按时进行个人所得税申报，一般而言，个人所得税申报需在每月15日前完成。

对于公司来说，零申报是十分重要的，但长期零申报也蕴含着巨大的风险。

（1）一般情况下，税务机关认定半年以上为长期，如果零申报超过了这一时限，公司就会被税务机关重点监控。税务机关会按照相关规定对公司进行纳税评估，如发现公司存在隐瞒收入、虚开发票等行为，则会要求其补缴税款与滞纳金，并按规定对其处以罚款。

（2）出于非正常原因，公司连续3个月或累计6个月零申报，不能被评为A级纳税人；如果公司提供虚假资料享受优惠政策，则会被评为D级纳税人，承担D级纳税人后果。

（3）持有发票的纳税人长期零申报，不仅发票降版、降量，还要接受税务机关对于发票使用情况的核查，影响公司业务的开展。

零申报意味着企业不用缴税，但长期零申报蕴含着巨大风险。因此，创业者需要正视零申报，不能为了不缴税而长期零申报，在公司有业务的时候，就需要进行税务申报。

7.2 大量营业收入未开发票，补税加罚金一个都少不了

一些公司为了少缴税款，往往在发生营业收入时未开发票，隐匿收入，但这样的违法行为存在巨大的风险。公司不仅要接受罚款处罚，严重的还要承担相应的刑事责任。

浙江省温岭市稽查局的检查人员曾发现某公司存在大量的不开票销售收入，但该公司的纳税申报表附表中，“未开具发票”一栏处填写的是“0”，“开具其他发票”一栏中对应收入也很少。

在调查过程中，该公司负责人施某提供了个人账户的银行流水，表示有约10万元的汇入款项是公司未开票销售收入，其他收支均为自己和朋友间资金借贷往来。虽然施某对此进行了解释，但检查人员还是发现了对账单中的猫腻。经鉴定，施某提供的对账单是伪造的，上面加盖的业务章为假章，同时对账单的收支记录也不完整。

经调查，施某共隐匿收入1353.70万元，税务机关对此作出了补缴增值税230.14万元，加收滞纳金87.96万元，并处罚款24.19万元的决定；温岭市地税局也对此作出了补缴个人所得税104.64万元，加收滞纳金69.70万元的决定。

后温岭市人民检察院以伪造公司印章罪对施某提起公诉，公诉机关指控：

2014年9月，被告人施某在本市大溪镇，通过街面上的小广告联系制假人员，制作了5张盖有中国农业银行温岭德明路支行业务办讫章的明细对账单，后施某将上述明细对账单提供给温岭

市国家税务局。经鉴定，上述 5 张明细对账单上的业务办讫章均系伪造。

2016 年 10 月 18 日，被告人施某接民警电话通知后到温岭市公安局大溪镇派出所接受调查，并如实供述其涉案事实。

上述事实，被告人施某在开庭审理过程中亦无异议，并有证人朱某、谢某的证言，职务聘任通知，业务讫章印件，伪造明细对账单，营业执照，情况说明，税务稽查资料，文书检验鉴定书，被告人的户籍证明及侦查人员出具的到案经过证明等证据证实，足以认定。

温岭市人民法院认为，被告人施某指使他人伪造公司印章，其行为已构成伪造公司印章罪。公诉机关起诉指控罪名成立。鉴于被告人施某归案后如实供述其犯罪事实，且当庭自愿认罪，确有悔罪表现，决定依法予以从轻处罚并适用缓刑。综上，依照 1997 年修订的《中华人民共和国刑法》第二百八十条第二款，《中华人民共和国刑法》第六十七条第三款，第七十二条第一、第三款，第七十三条第二、第三款之规定，判决如下：

被告人施某犯伪造公司印章罪，判处有期徒刑一年，缓刑二年。

在以上案例中，施某正是利用“未开票收入”来隐匿销售收入的，而这样做是违反相关法律法规的。1993 年发布的《中华人民共和国发票管理办法》第三十六条规定，违反发票管理法规的行为包括：

（一）未按照规定印制发票或者生产发票防伪专用品的；

（二）未按照规定领购发票的；

（三）未按照规定开具发票的；

（四）未按照规定取得发票的；

（五）未按照规定保管发票的；

（六）未按照规定接受税务机关检查的。

对有前款所列行为之一的单位和个人，由税务机关责令限期改正，没收非法所得，可以并处 1 万元以下的罚款。有前款所列两种或者两种以上行为的，可以分别处罚。

《中华人民共和国发票管理办法》第三十八条规定，私自印制、伪造变造、倒买倒卖发票，私自制作发票监制章、发票防伪专用品的，由税务机关依法予以查封、扣押或者销毁，没收非法所得和作案工具，可以并处 1 万元以上 5 万元以下的罚款；构成犯罪的，依法追究刑事责任。

同时，《中华人民共和国发票管理办法实施细则》第二十六条规定，填开发票的单位和个人必须在发生经营业务确认营业收入时开具发票。因此，企业应在纳税义务成立并确认营业收入时，向购买方开具增值税发票。对未按规定开具发票的，税务机关将依照发票管理办法相关规定进行处罚。

7.3 平价转让股权，存在避税嫌疑

平价转让股权存在哪些税务风险？涉税风险主要表现为企业

所得税、个人所得税、印花税是否足额缴纳。如果企业未足额缴纳应缴税款，那么就存在税务风险。

2020 年 6 月，某市税务机关对辖区内进行股权转让的纳税人进行了核实，从核实情况来看，大多数企业都是通过平价转让的方式转让股权。那么这其中是否存在税务问题？税务机关对此进行了调查。

A 公司成立于 2010 年，实收资本 10000 万元。其中，股东 B 公司投资 4500 万元，股东 C 公司投资 5500 万元。

2019 年 9 月，B 公司将 A 公司所有股权原价转让给 D 公司。股权转让证明材料如下。

（1）B 公司与 D 公司签订股权转让协议，约定 B 公司以 4500 万元转让其拥有的所有的 A 公司股权。

（2）A 公司同意 B 公司以货币形式将其所拥有的 A 公司股权转让给 D 公司。

（3）B 公司收到 4500 万元的单据；同时，B 公司与 D 公司完成股权变更手续。

在以上案例中，B 公司为什么可以平价转让股权？《中华人民共和国企业重组业务企业所得税管理办法》第十二条规定，企业发生一般性税务处理股权收购重组业务时，应准备以下相关资料，以备税务机关检查：（一）当事各方所签订的股权收购业务合同或协议；（二）相关股权公允价值的合法证据。因此，B 公司应该提供股权公允价值的合法证据，表明平价转让的合法性，但是 B 公司并没有提供相应证明材料。

在这种情况下，税务机关对 A 公司 2019 年 9 月的净资产进行了核实。核实发现：A 公司 2019 年 9 月的资产为 23000 万元，负债 7000 万元，实收资本 10000 万元，累计未分配利润 2550 万元，盈余公积 450 万元。在这种情况下，B 公司平价转让 A 公司股权存在避税嫌疑。

《中华人民共和国企业所得税法》第四十七条规定，企业实施其他不具有合理商业目的的安排而减少其应纳税收入或者所得额的，税务机关有权按照合理方法调整。《中华人民共和国企业所得税法实施条例》指出，所谓不具有合理商业目的，是指以减少、免除或者推迟缴纳税款为主要目的。在上述案例中，B 公司无法证明股权平价转让的合理商业目的，存在避税嫌疑。最终，B 公司补缴税额 337 万元。

7.4 “兼营”错用税率，导致少缴税被罚

某品牌推广公司属于一般纳税人，主要业务为化妆品店加盟。其业务流程为，向客户收取加盟费 30 万元，同时向加盟商销售 10 万元的化妆品。

该公司的财务人员在处理账务的时候，错误地认为，收取加盟费属于销售服务，销售化妆品属于销售货物，因此该业务属于混合销售，应按照主业销售服务 6% 税率缴纳增值税。增值税计算如下：

增值税 =（30+10）× 6%=2.4（万元）

但事实上，收取加盟费不属于销售服务，而是销售无形资产，因此该公司收取加盟费同时销售产品的行为不属于混合销售，而属于兼营行为，应分别按照不同税率核算。因此增值税的正确计算如下：

（1）收取加盟费的增值税 =30 × 6%=1.8（万元）；

（2）销售化妆品的增值税 =10 × 13%=1.3（万元）；

（3）合计增值税为 3.1（万元）。

该公司的财务人员误把“兼营”当“混合”，适用税率错误少计算了增值税，这样缴税就会使公司遭受处罚。

“兼营”是指纳税人发生了两项或两项以上的销售行为。企业适用的增值税税率和经营活动的实质相关，一个企业可能发生多种经营行为，适用多个税率。

《财政部　国家税务总局关于全面推开营业税改征增值税试点的通知》（财税〔2016〕36 号）附件 2《营业税改征增值税试点有关事项的规定》第一条第（一）项规定了兼营的税务处理：试点纳税人销售货物、加工修理修配劳务、服务、无形资产或者不动产适用不同税率或者征收率的，应当分别核算适用不同税率或者征收率的销售额，未分别核算销售额的，按照以下方法适用税率或者征收率：

（一）兼有不同税率的销售货物、加工修理修配劳务、服务、无形资产或者不动产，从高适用税率；

（二）兼有不同征收率的销售货物、加工修理修配劳务、服务、无形资产或者不动产，从高适用征收率；

（三）兼有不同税率和征收率的销售货物、加工修理修配劳务、服务、无形资产或者不动产，从高适用税率。

同时，财税〔2016〕36 号文件附件 1 后附的《销售服务、无形资产、不动产注释》规定，销售服务，是指提供交通运输服务、邮政服务、电信服务、建筑服务、金融服务、现代服务、生活服务。

销售无形资产，是指转让无形资产所有权或者使用权的业务活动。无形资产，是指不具实物形态，但能带来经济利益的资产，包括技术、商标、著作权、商誉、自然资源使用权和其他权益性无形资产。其他权益性无形资产，包括基础设施资产经营权、公共事业特许权、配额、经营权（包括特许经营权、连锁经营权、其他经营权）、经销权、分销权、代理权、会员权、席位权、网络游戏虚拟道具、域名、名称权、肖像权、冠名权、转会费等。

对于“兼营”这种情况，公司需要根据以上规定选择合适的税率，准确计算增值税额，避免公司因缴错增值税而遭受处罚的风险。

7.5 合同随意作废，可能会增加缴税额度

为了保障劳动者的合法权益，《中华人民共和国劳动合同法》

（以下简称“劳动合同法”）规定用人单位要依法与劳动者签订劳动合同。但是，有些创业者比较善变，喜欢轻易作废已签订的劳动合同，并重新签订劳动合同。殊不知，这种行为会增加公司税款的缴纳额，给公司带来更多的资金压力。

张鹏是一位资深的陶艺匠人，同时也是张氏陶艺店的掌柜。凡出自张鹏之手的陶器，都能赢得消费者的青睐。随着客流量的增多，张鹏一个人已经难以应付店内的事务。所以，张鹏聘请了几位陶艺匠人作为员工，分担自己的工作。找到合适的陶艺匠人后，张鹏依法与他们签订了劳动合同，并向税务部门进行了申报。

然而，在经营一段时间之后，张鹏发现合同中有些条款不太合理。于是，他告诉员工：“我发现之前签订的劳动合同存在不合理之处，为了保障大家的权益，我宣布之前签订的合同作废。所以，现在需要重新签订劳动合同。”在与员工重新签订劳动合同之后，张鹏又将重新签订的合同向税务部门进行了申报。

一个月下来，张鹏在盘算自己的营业收入时，发现税务部门竟然向自己征收了两次印花税。张鹏感到不解，立刻到税务部门进行咨询。税务部门的工作人员告诉他：“由于你申报了两次劳动合同，因此，征收了两次印花税。”

印花税是保障劳动合同具有法律效力的税种，因此，当劳动合同作废之后，印花税也就失去了法律效力。如果再签订一次劳动合同，就需要重新缴纳印花税。创业者从张鹏的经历中可以吸取教训，为了减少税费支出，创业者切不可轻易将劳动合同等各种合同作废。

7.6 公司虚开增值税发票被处罚

公司在经营过程中，既会为购买原材料、聘请员工而支付一定的费用，也会为销售产品或提供劳务而获得一定的收入。在这个过程中，前者称为进项，而后者称为销项。如果将公司看成一位纳税人，那么公司所要缴纳税费的税基就是销项减去进项后的余额。在这种情况下，如果公司想少缴纳税费，就需要增加进项的比例。

进项通常包括购买办公用品、购买机器设备、购买汽车、汽车加油、汽车修理、购买低值易耗品等。这些进项都属于公司的必备物品，是公司运营成本的一部分。所以，在缴纳税费的时候，需要将这一部分支出减掉。

但事实上，很多公司都会缺少进项票，一些行业可以抵扣进项的成本大多属于人工成本，对方难以给出发票，或者公司的供应商多为散户，也很难开出发票。同时，一些公司内部管理不规范，员工缺少取得进项票的意识。这些都导致公司的进销差价不合理。

进销差价不合理会增加公司的税务支出，为了解决这一问题，一些公司会虚列开支、虚开发票，但这样做是违法的，存在很大的法律风险。

虚开发票是我国刑法中明令禁止的行为。根据中华人民共和国国务院令第587号《国务院关于修改〈中华人民共和国发票管理办法〉的决定》第二十二条规定，开具发票应当按照规定的时限、顺序、栏目，全部联次一次性如实开具，并加盖发票专用章。

任何单位和个人不得有下列虚开发票行为：

（一）为他人、为自己开具与实际经营业务情况不符的发票；

（二）让他人为自己开具与实际经营业务情况不符的发票；

（三）介绍他人开具与实际经营业务情况不符的发票。

针对增值税专用发票，根据最高人民法院关于适用《全国人民代表大会常务委员会关于惩治虚开、伪造和非法出售增值税专用发票犯罪的决定》的若干问题的解释文件，具有下列行为之一的，属于“虚开增值税专用发票”：

（一）没有货物购销或者没有提供或接受应税劳务而为他人、为自己、让他人为自己、介绍他人开具增值税专用发票；

（二）有货物购销或者提供或接受了应税劳务但为他人、为自己、让他人为自己、介绍他人开具数量或者金额不实的增值税专用发票；

（三）进行了实际经营活动，但让他人为自己代开增值税专用发票。

虚开发票属于犯罪行为，《中华人民共和国刑法》第二百零五条【虚开增值税专用发票、用于骗取出口退税、抵扣税款发票罪】规定，虚开增值税专用发票或者虚开用于骗取出口退税、抵扣税款的其他发票的，处三年以下有期徒刑或者拘役，并处二万元以上二十万元以下罚金；虚开的税款数额较大或者有其他严重情节的，处三年以上十年以下有期徒刑，并处五万元以上五十万元以下罚金；虚开的税款数额巨大或者有其他特别严重情节的，处十年以上有期徒刑或者无期徒刑，并处五万元以上五十万元以下罚金或者没收财产。

单位犯本条规定之罪的，对单位判处罚金，并对其直接负责的主管人员和其他直接责任人员，处三年以下有期徒刑或者拘役；虚开的税款数额较大或者有其他严重情节的，处三年以上十年以下有期徒刑；虚开的税款数额巨大或者有其他特别严重情节的，处十年以上有期徒刑或者无期徒刑。

第二百零五条之一规定，虚开本法第二百零五条规定以外的其他发票，情节严重的，处二年以下有期徒刑、拘役或者管制，并处罚金；情节特别严重的，处二年以上七年以下有期徒刑，并处罚金。

同时，《最高人民法院关于虚开增值税专用发票定罪量刑标准有关问题的通知》中规定，虚开的税款数额在五万元以上的，以虚开增值税专用发票罪处三年以下有期徒刑或者拘役，并处二万元以上二十万元以下罚金；虚开的税款数额在五十万元以上的，认定为刑法第二百零五条规定的“数额较大”；虚开的税款数额在二百五十万元以上的，认定为刑法第二百零五条规定的“数额巨大”。

此外，《最高人民检察院、公安部关于公安机关管辖的刑事案件立案追诉标准的规定（二）的补充规定》第二条为：在《立案追诉标准（二）》中增加第六十一条之一：[虚开发票案（刑法第二百零五条之一）]虚开刑法第二百零五条规定以外的其他发票，涉嫌下列情形之一的，应予立案追诉：

（一）虚开发票一百份以上或者虚开金额累计在四十万元以上的；

（二）虽未达到上述数额标准，但五年内因虚开发票行为受过行政处罚二次以上，又虚开发票的；

（三）其他情节严重的情形。

以上法律条文表明了对虚开发票行为的处罚和量刑标准，为规避以上法律风险，创业者不可通过虚开发票的行为节税。要想解决缺进项票的这一问题，创业者最需要做的就是税务筹划，通过合理的税务筹划手段增加进项票。

创业者需要规范发票管理。创业者可以对供应商进行重新布局，优先选择愿意开发票的供应商；进项票的来源广泛，创业者需要梳理进项票的来源，明确是在哪个环节出现了问题导致无法取得合理进项票；创业者还需要完善相关报销制度，明确报销必有票。此外，创业者可以适当提高员工的福利，如以公司的名义为员工提供旅行住宿、交通补贴等，将这些费用作为公司支出，减少公司所得税。

第 8 章
合伙风险：如何解决“财聚人散”的问题

创业者在和合伙人共同创业时也暗藏着合伙失败的风险。未签合伙协议、注册股东过多、夫妻合伙、股权分配不合理、未约定退出机制、职责权利划分不清晰等都可能导致合伙失败。这些都是创业者需要了解并规避的问题。

8.1 未签合伙协议，合伙人遭受巨大损失

刘健与张航共同创办了一家互联网公司，双方口头约定刘健出资 30 万元、张航出资 20 万元。由于张航暂时资金紧张，两人又约定张航先出资 10 万元，剩余 10 万元三个月之后再支付。

之后两人花费 20 余万元租赁了场地、购买了设备、招聘了

员工，并开始接一些简单的业务。三个月的时间里，公司的效益没有太大增长，投入的钱却越来越多。为了缓解公司的运营压力，刘健要求张航按约定支付剩余的 10 万元，而张航却拒绝了这一要求，表示自己要退出合作，并要求刘健支付自己的损失。刘健自然不同意，与张航争吵了起来，但当初双方没有签订合伙协议，刘健无法强制要求张航支付资金。最终双方不欢而散，公司也走向破产，而由于张航的爽约，刘健承担了更大的经济损失。

创业者与合伙人共同创业时，一定要就谈好的内容签订合伙协议，细致地明确各方的责任。合伙协议是公司（企业）对协议 / 合同的订立、当事人的权利义务关系、协议的履行等问题提供法律依据的凭证。合伙协议模板，如表 8-1 所示。

表 8-1　合伙协议模板

合伙协议

合伙人：

姓名：________　性别：____　年龄：____　住址：______________

（其他合伙人按上列项目顺序填写）

第一条　合伙宗旨：________________________________

第二条　合伙经营项目和范围：________________________________

第三条　合伙期限

合伙期限为____年，自______年__月__日起，至______年__月__日止。

第四条　出资额、方式、期限

1. 合伙人________（姓名）以____方式出资，计人民币________元。

（其他合伙人按顺序依次列出）

2. 本合伙出资共计人民币________元。合伙期间各合伙人的出资为共有财产，不得随意请求分割，合伙终止后，各合伙人的出资仍为个人所有，至时予以返还。

第五条　盈余分配与债务承担

1. 盈余分配：以________为依据，按比例分配。

续表

2. 债务承担：合伙债务先由合伙财产偿还，合伙财产不足清偿时，以各合伙人的________________________________为据，按比例承担。

第六条　入伙、退伙、出资的转让

1. 入伙：（1）须承认本协议；（2）须经全体合伙人同意；（3）执行协议规定的权利义务。

2. 退伙：（1）需要有正当理由方可退伙；（2）不得在合伙不利时退伙；（3）退伙须提前____个月告知其他合伙人并经全体合伙人同意；（4）退伙后以退伙时的财产状况进行结算，不论以何种方式出资，均以金钱结算；（5）未经合伙人同意而自行退伙给合伙造成损失的，应进行赔偿。

3. 出资的转让：允许合伙人转让自己的出资。转让时其他合伙人有优先受让权，如转让合伙人以外的第三人，第三人按入伙对待，否则以退伙对待转让人。

第七条　合伙负责人及其他合伙人的权利

1. ________为合伙负责人，其权利：（1）对外开展业务，订立合同；（2）对合伙事业进行日常管理；（3）出售合伙的产品（货物）、购进常用货物；（4）支付合伙债务。

2. 其他合伙人的权利：（1）参与合伙事业的管理；（2）听取合伙负责人开展业务情况的报告；（3）检查合伙账册及经营情况；（4）共同决定合伙重大事项。

第八条　禁止行为

1. 未经全体合伙人同意，禁止任何合伙人私自以合伙名义进行业务活动；如其业务获得利益归合伙，造成损失按实际损失赔偿。

2. 禁止合伙人经营与合伙竞争的业务。

3. 禁止合伙人再加入其他合伙。

4. 禁止合伙人与本合伙签订合同。

5. 如合伙人违反上述各条，应按合伙实际损失赔偿。劝阻不听者可由全体合伙人决定除名。

第九条　合伙的终止及终止后的事项

1. 合伙因以下事由之一得终止：（1）合伙期届满；（2）全体合伙人同意终止合伙关系；（3）合伙事业完成或不能完成；（4）合伙事业违反法律被撤销；（5）法院根据有关当事人请求判决解散。

续表

2. 合伙终止后的事项。(1)即行推举清算人，并邀请中间人(或公证员)参与清算。(2)清算后如有盈余，则按收取债权、清偿债务、返还出资、按比例分配剩余财产的顺序进行。固定资产和不可分物，可作价卖给合伙人或第三人，其价款参与分配。(3)清算后如有亏损，不论合伙人出资多少，先以合伙财产偿还，合伙财产不足清偿的部分，由合伙人按出资比例承担。

第十条　纠纷的解决

合伙人之间如发生纠纷，应共同协商，本着有利于合伙事业发展的原则予以解决。如协商不成，可以诉诸法院。

第十一条　本协议自订立并报经市场监督管理机关批准之日起生效。

第十二条　本协议如有未尽事宜，应由合伙人集体讨论补充或修改。补充和修改的内容与本协议具有同等效力。

第十三条　其他：________________________________

第十四条　本协议正本一式____份，合伙人各执一份，送______各存一份。

合伙人：________　______年__月__日

合伙人：________　______年__月__日

在制定合伙协议时，创业者可以参考以上模板。同时在签订合伙协议的具体过程中，创业者还可以参照公司的具体情况，对合伙协议的内容做相应的调整。

8.2　注册股东过多可能阻碍公司的发展

注册股东一般称为名义股东，是在工商部门登记的股东。创业者一般为公司的法人代表，而其他合伙人则能够成为公司的注册股东。合伙企业的合伙人有多有少，注册股东也是如此。

有的创业团队包括创业者和八九个合伙人，股东人数比较多，当出现这种情况时，是否要把所有的合伙人都变为工商注册的股东？其实，在公司刚注册时，工商注册的股东人数不能过多。如果注册股东人数过多，就会加重公司经营程序方面的负担，不利于创业项目的发展。同时，股东人数过多，在进行股权分配、股权动态调整时，达成一致意见也要困难很多。

除了把握注册股东的数量外，创业者还要考虑到后续的公司决策问题。注册股东的数量决定着公司董事会席位的设置，而董事会席位最好设置为单数。将董事会席位设置为单数，可以避免决策时陷入投票僵局。而如果董事会席位是双数，那会带来很多不便，具体如图 8-1 所示。

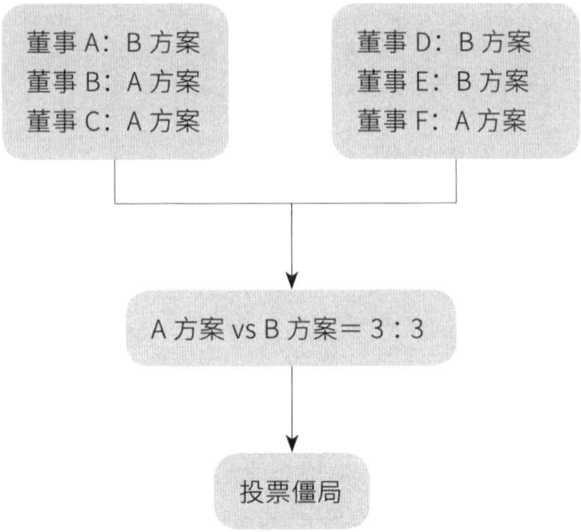

图 8-1　双数董事会席位的后果

如果董事会席位是双数，那么很容易在投票决策的环节陷入僵局。如果两种方案各有一半的人支持，那么投票决策也就没了意义。为了避免出现这种情况，创业者最好将注册股东设置为单数。

8.3 夫妻店可能导致公司人格混同

公司如果只有一名股东，则需要在诉讼过程中举证自己的财产与公司的财产是各自独立的，否则，就会被判定为与公司人格混同，要承担公司债务。所以，有人在注册公司时，将自己与配偶同时注册为股东，以此在形式上规避人格混同的风险。但是，这种做法真的可行吗？

A 公司在 11 月向 B 公司借款 57.5 万元，A 公司的法定代表人张某后又在 12 月代表 A 公司向 B 公司借款 10 万元。但是借款到期后，A 公司并未如期偿还借款。

B 公司将 A 公司告上法庭，要求 A 公司偿还借款。因 A 公司股东张某和赵某为夫妻关系，所以 B 公司要求张某和赵某两人对公司债务承担连带责任。

吉林省高级人民法院认为，张某、赵某两人与 A 公司存在人格混同，应对公司债务承担连带赔偿责任。而 A 公司只有两个股东，分别为张某和赵某，二人为夫妻关系。二人承认公司由于张某经营，赵某未参与公司经营，且公司均由赵某一人做出决策，不具有独立意思，导致公司缺乏法人独立地位。

同时，公司经营过程中没有公司账册，日常资金往来均使用张某名下的个人银行卡，且该银行卡还用于结算家庭日常消费。A 公司与股东张某之间的财务管理未做区分，股东自身收益与公司盈利不加区分，导致 A 公司财产与股东张某的个人财产无法区分。

赵某与张某系夫妻关系亦是公司股东，且涉案借款用于夫妻共同经营的公司，所得利润亦用于家庭日常消费，所以该借款属于夫妻共同债务，赵某和张某应对此共同承担连带责任。

据此，股东张某、赵某前述行为造成公司人格与股东人格混同，损害了公司债权人的利益，应对 A 公司的债务承担连带责任。

根据上述案例可以看出，夫妻共同作为公司股东显然不能规避公司人格混同的风险。对于判定公司与股东是否存在人格混同，法院不仅会做形式审查，还会做实质审查。因此，自然人股东的财产最好与公司财产明确区分，公司应开设独立账户，建立明晰的账册，定期按照公司规定向股东分红。股东也不能让客户直接将公司的业务款项汇入自己的私人账户，否则就很容易被判定为股东个人财产与公司财产无法区分。

而公司决策应按照公司规定由董事会决议，切不可由个人擅自代替董事会做出决策，否则容易被判定为公司不具有独立意思，缺乏法人独立地位。

8.4 股权分配不合理，引发争端

在现实生活中，有很多合伙人在创业初期不畏艰辛、不分彼此，但是在创业成功之后，往往会因为利益分配不均等问题产生矛盾，甚至闹上法庭。最终，曾经同甘共苦的创业伙伴变成了陌路人，甚至敌人。

北京有一家知名的小吃店，它采用的是线上与线下相结合的营销方式。这种新颖的营销方式，加上极具情怀的产品名字，让这家小吃店一夜爆红。

据小吃店的创业者透露，他们的店铺开业不到一周，就有投资机构主动找来，还答应给予他们4000万元的投资。然而，就在大家都非常看好这家新型小吃店的时候，小吃店被爆出了团队不睦的消息。后来得知，创业团队中的一名成员被踢出团队。

被踢出团队的创业者并没有气馁，而是自己单枪匹马继续之前的思维和模式经营小吃店。由于这位创业者依然沿用之前的品牌名称及运营模式，所以，在他盈利之后，其他合伙人要求从中分红。由于分红方案没有得到其他人的同意，最后这几位创业者将这件事闹上了法庭。

可见，在合伙创业的过程中，应该制定明确的规则来约束彼此。否则，如果大家都按照自己的喜好和意愿办事，就难以达成共识，而最终的结果极有可能就是合伙人闹上法庭，或者公司解体。相反，如果公司在创立之初就制定了明确的规则，那么不论公司运营到什么程度，盈利也好，亏损也罢，都严格按照规则来处理公司事务，就不会引发矛盾。

因此，要想让公司始终如一地保持良好的发展态势，避免公司合伙人之间产生纠纷，一定要事先制定并明确公司的股份分配情况。而制定股份分配规则的依据通常是出多少力，占多少股份。

资金是创立与维持公司顺利运营的关键要素之一。公司缺乏资金，犹如人缺少血液一样，是很难生存的。事实上，创业合伙人也都是带着一定的资金加入创业团队的，这里的资金可能是现金，也可能是固定资产（如机器、办公场地）、无形资产（如技术团队、产品专利）等。总之，无论是以什么样的方式加入，这些资产最后都会折合成资金，然后再进行股份分配。

一般情况下，公司是按出资额来分配股份的，主要有以下 4 个原因，如图 8–2 所示。

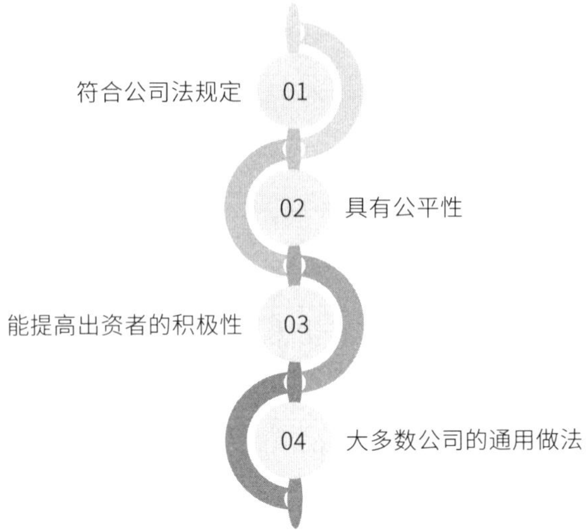

图 8–2　公司按出资额分配股份的 4 个原因

1. 符合公司法规定

公司法规定，有限责任公司的股东按出资额对公司承担有限责任；股份有限公司的股东按出资额认购公司的股份，并对公司负责。可见，不论是哪一种类型的公司，其股东对公司承担责任的依据都是股东在公司中所占有的股份。而股东占有股份的多少，又是依据股东的出资额而定的。由此看来，根据合伙人的出资情况分配股份是合理的，而且具有法律依据。

2. 具有公平性

股份分配如果没有明确的规则，就极易造成在经营过程中股东之间互相推诿、扯皮的现象。同样，如果股份分配规则缺乏一个可行的依据，那么制定出来的股份分配规则也不会得到大家的认可。而以出多少钱、占多少股的方式进行股份分配，是非常公平的，也很容易得到大家的信服。

首先，资金是公司运营发展的一个重要前提，如果没有资金，公司就不可能生存下来。其次，技术同样可以通过估价的形式入股公司，这样技术也就转化为资金。所以，以出资额来分配股份，其适用范围非常广，极具公平性。如果不以出资额为股份分配的依据，而是以平均分配的方式分配股份，那么，投资者很可能不愿意拿出尽可能多的资金来创立公司和支持公司的发展，而且这对那些为公司付出更多努力的人也不公平，很容易为公司留下祸患。

3. 能提高出资者的积极性

众所周知，占有公司股份越多的人，他们对公司的决定权也就越大。在这种情况下，要想获得对公司更大的决定权，则需要尽可能多地拿出资金来创立公司。也就是说，按照出资额分配股份能够调动出资者的积极性。相反，如果每一个人都获得相同的股份，每一个人都是平等的位置，即使是有钱的合伙人，在公司急需用钱的情况下，也不会主动拿出资金。

4. 大多数公司的通用做法

事实上，目前大多数公司的股份分配规则都是以出资额为依据的。而且，众多公司的实践也证明了这种分配方式是切实可行的。所以，创业者在没有找到更好、更合适的分配依据之前，可以借鉴这种股份分配规则。

8.5 股东退出，可能导致公司无法继续经营

彭女士是一名资深的舞蹈老师，一年前，她与两个朋友合伙开了一家舞蹈工作室。3 个人各自出资 5 万元，并将舞蹈工作室的股份平均分配。由于 3 个人都是好朋友，也没有开公司的经

验，所以，她们只是在口头上约定了股份分配的事情，并没有签订合伙协议，更别说制定退出机制了。

当时，她们租了一个100平方米的门店，一次性交付了一年的租金，共6万元。之后又将门店装修了一番，花了2万元。购买道具、服装花了1万元。舞蹈工作室就这样成立了。舞蹈本是彭女士非常热爱的事业，她将所有的精力都投入工作室的经营中。尽管如此，但由于前期宣传工作准备得不够充分，因此招生情况并不理想。

即便如此，彭女士依然带着十分高昂的热情投入招生和教学中，但是其中有一位合伙人逐渐丧失了信心，每天的工作热情不高，也不够积极。彭女士看在眼里，急在心里，因为她担心朋友会退出合伙，这样工作室就会因为缺乏运营资金而无法运转。没多久，这位朋友还是提出了退出，因为当初没有制定退出机制，所以，彭女士与另外一位合伙人只得同意这位朋友退伙，而这也让工作室陷入了资金危机中。

在现实生活中，很多合伙人出于信赖或对彼此感情的考虑，不好意思谈论退出机制的问题，而这往往会将辛苦创立的公司逼上绝路。以上述案例为例，彭女士的朋友提出退出，由于没有约定退出机制，彭女士与另一位合伙人只能同意其无条件退出，这也对工作室造成了致命打击。相反，如果她们在创立工作室之初就制定了退出机制，在各种退出条款的限制下，合伙人或许就不会轻易退出，或者即使合伙人退出了，也会依照退出条款对工作室进行补偿，这样就不会对工作室造成致命的打击。

在公司成立之前，创业团队就要先将以后可能会遇到的不良情况、不利发展因素等统统提出来，根据这些内容制定相应的应对措施，这才是成熟的合作模式，才能真正保证公司的长足发展。例如，合伙人在什么情况下可以退出，退出的时候应该怎样分配利润？这些都需要事先谈好，并列入合伙协议中，以免以后发生不必要的纠纷。

公司经营的每一个环节都应该在法律、法规所允许的范围内进行，合伙人的退出也不例外。《中华人民共和国合伙企业法》（以下简称“合伙企业法”）第四十五条规定，合伙协议约定合伙期限的，在合伙企业存续期间，有下列情形之一的，合伙人可以退伙：

（1）合伙协议约定的退伙事由出现；

（2）经全体合伙人一致同意；

（3）发生合伙人难以继续参加合伙的事由；

（4）其他合伙人严重违反合伙协议约定的义务。

可见，合伙人的退出是有法律保障的。但是，法律也明确规定了合伙人退出的条件。所以，不论是合伙人的退出，还是未退出的合伙人的权益，都是受法律保护的。也就是说，对于退出者的不合理要求，未退出者有权说“不”。为了在退出时合伙人能够有据可依，创业团队有必要制定一个完善的合伙人退出机制。其具体内容应包括以下 4 个要点，如图 8–3 所示。

1. 设置限制性股权

为了应对合伙人中途退出的问题，创业团队在创立公司之初

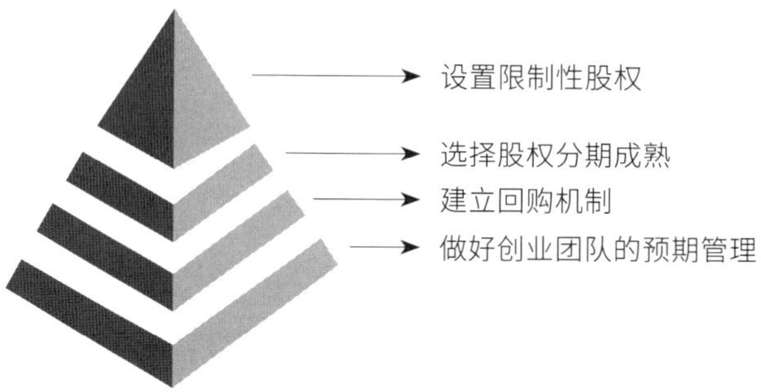

图 8–3 制定退出机制的 4 个要点

就应该设置限制性股权。所谓限制性股权，是指它既属于股权，又有权利限制。例如，股权的有效期限与股权拥有者的服务期限相对应，合伙人需要在一定期限以后才能提出退出，这个期限一般为 3 年。对于一个公司来说，经过 3 年的发展后，基本可以稳定下来。这时即便有合伙人提出退出，也不会对公司的发展造成太大的影响。

当然，在实际制定退出机制的时候，合伙人可以共同商量股权期限，可以以 3 年为期，也可以更短或者更长。为了降低因合伙人的退出而给公司的发展造成的影响，股权期限可以设置得久一些。总之，这个时间期限要以公司内部人员的意愿为前提。

2. 选择股权分期成熟

股权分期成熟也是退出机制的一个重要组成部分，它是指在公司创立之初按照一定的标准（如出资额或技术等条件）给合伙人分配股份。但是，这些股份只是名义上的，并没有生效。经过一定期限后，这些股份才会真正起作用。有了这一条件后，即使有合伙人在公司发展形势大好的情况下提出退出，也不会对公司造成影响。这其实也是一种规避因合伙人退出而影响公司发展的做法。通常情况下，股权分期成熟有以下 4 种模式。

（1）与 4 年服务期限挂钩，每年兑现 25%。

（2）服务时间满 2 年，则股权成熟 50%；满 3 年，再成熟 25%，即所有股份的 75%；满 4 年之后，所有股份成熟。

（3）第 1 年成熟 20% 的股权，第 2 年再成熟 20%，第 3 年成熟 30%，第 4 年成熟 40%，依此类推。这样有助于鼓励合伙人达成长期合伙关系。

（4）第 1 年成熟 20%，剩余股权在 3 年内每月兑现 1/48。

股权分期成熟的模式大致有以上 4 种，创业者在制定退出机制时，可以根据实际情况对此加以选择和修改。通过股权分期成熟的方式，一方面可以增强合伙人的黏性，让他们不要轻易退出合伙关系；另一方面可以降低因合伙人执意退出而给公司带来的不良影响。

3. 建立回购机制

合伙人退出时，一般会同时带走公司的股份，导致公司的股份外流，这显然是不利于公司发展的。在这种情况下，未退出的合伙人可以通过回购的方式来确保公司股权不掌握在外人手中。那么，回购的价格如何确定呢？这就需要提前建立一个回购机制。

专业且资深的股权管理者建议，确定回购价格时可以参考 3 个方面的因素：第一，参照股东购买价格的一定溢价；第二，参照合伙人退出时公司的净资产；第三，参照最近融资估值的折扣价。其中，第二个因素主要适用于重资产公司，第三个因素则主要适用于轻资产公司。

4. 做好创业团队的预期管理

尽管退出机制的制定很有必要，但是在合伙之前就与合伙人谈退出的问题，从情感上来说，还是会给合伙人带来不良影响的，可能会让其他合伙人感觉你不是真心实意参与合伙。为了避免这种尴尬情况的发生，做好创业团队的预期管理是十分必要的。

首先，在股权分配以及涉及公司发展的预期问题上，所有合伙人应该一起讨论，达成理念上的共识。其次，在这个基础上，再落实到书面的规则。这样就不会引起合伙人的反感，而且在实施规则的时候也更容易被认可。

有了这些前提条件后，即使有合伙人提出退出，也不至于给公司带来致命的打击。可以说，这是成熟的创业者，尤其是在合伙创业的情况下，应该考虑到的问题。

8.6 撤全资性退伙，公司应妥善应对

撤全资退出是一种常见的退出形式。资金是维持公司运营的

一个重要前提条件，如果没有足够的资金，公司很有可能会面临运营困难以及破产倒闭的局面。在公司资金匮乏或者运营有问题的情况下提出撤全资退出的合伙人，他们都是不负责任的人。面对这类合伙人，公司可以同意他们退出，但是撤全资是不可能的。因为出资是自愿的，而且公司是大家一起出资创立的，不能因为一个人的撤资而影响到大家共同的事业。所以，在制定退出机制的时候，一定要规定撤出资金的比例。从原则上来说，撤出的资金不能超过总资金的 50%。

当然，如果对此事先没有规定，就不能很好地应对撤全资的问题。相反，如果有完善的退出机制，显然就能较好地解决上述问题。所以，在制定退出机制的时候，应该对撤全资退出的情况给予严厉的惩罚。例如，一旦有合伙人提出要撤全资退出，需要支付公司当前利润 3 倍的金额作为违约金。

另外，对于要求撤全资退出的合伙人，不准许他们带走公司的股份。如果合伙人提出撤全资退出的要求，公司则会以低于市价的价格收购合伙人的股份。也就是说，只要合伙人提出撤全资退出，就意味着他们会蒙受一大笔损失，因此，在这种情况下，也就能有效地避免合伙人轻易提出撤全资退出的要求。即使有人提出，也不会给公司的发展带来明显的不利影响。

不可否认的是，合伙人的退出是常有的事情。而且对于一个公司来说，好散比好聚更重要。甚至可以说，好散才是好聚的开始。因为没有人能预料到突发状况，当合伙人不得已需要退出的时候，才发现合伙容易退出难。

轻易提出退出的合伙人，既是对其他合伙人不负责任，也是对公司不负责任。所以，合伙人在创立公司之初就制定一套完善的退出机制是非常有必要的。尤其是对于这种撤全资退出的行为，更应该重点考虑并制定应对措施。

8.7 财务不透明，引发合伙人不满

李强与别人合伙开了一家减肥中心，该减肥中心的合伙人一共有 5 个，其中一个合伙人投入了 70% 的启动资金，占有该减肥中心 65% 的股权。这位合伙人因为自己所占的股份比例大，而把持了减肥中心的财政大权。虽然 5 个合伙人共同管理减肥中心的各项事务，但是减肥中心的公章以及财政大权都在这位合伙人的手中。不仅如此，这位合伙人还不把其他合伙人放在眼里，经常私自决定减肥中心的各项事务。虽然其他合伙人对此非常不满，却不知道该如何应对。

其实，对于这位合伙人的决策，其他合伙人是可以提出异议的。只要是公司的股东，不论占多少股份，都有权知晓公司的经营状况、查看公司的盈利情况。向公司申请查看会计账簿是股东的基本权利，如果股东的申请遭到了拒绝，就可以请求人民法院要求公司提供资料查阅。

以上案例中该合伙人的做法属于侵犯公司财产的行为，其他合伙人完全可以搜集有关证据，然后以股东的名义提起诉讼，保

护自己的合法权益。

合伙企业法第二十九条规定，合伙人分别执行合伙事务的，执行事务合伙人可以对其他合伙人执行的事务提出异议。提出异议时，应当暂停该项事务的执行。如果发生争议，依照本法第三十条规定作出决定。受委托执行合伙事务的合伙人不按照合伙协议或者全体合伙人的决定执行事务的，其他合伙人可以决定撤销该委托。

合伙企业法第三十条规定，合伙人对合伙企业有关事项作出决议，按照合伙协议约定的表决办法办理。合伙协议未约定或者约定不明确的，实行合伙人一人一票并经全体合伙人过半数通过的表决办法。本法对合伙企业的表决办法另有规定的，从其规定。

从上述规定来看，当某一合伙人对其他合伙人执行事务的行为提出异议时，被异议人应立即中止对该事务的执行。如果被异议人对异议人的意见表示认同，则应按照其意见予以纠正或终止该事务的执行；如果被异议人对异议人的意见不认同，则应要求全体合伙人共同决定。全体合伙人如果认定被异议人的行为为越权或其他不正当行为的，被异议人应自觉予以纠正；全体合伙人如果认定被异议人为正当行为的，则应依多数合伙人的意见恢复该事务的执行，即使异议人有不同意见也应予以保留。

这里需要明确的是，在合伙企业中，所有合伙人的地位都是平等的。因此，合伙人不应该完全服从于出资较多的合伙人，当有异议时，应该及时提出来，并依法解决。对于个别合伙人坚持己见，拒绝被监督的行为，其他合伙人应积极应对。

没有人能保证在公司运营过程中，合伙人之间不会发生冲突，不会对某一事务提出截然不同的意见。在合伙开公司的过程中，虽然出现异议是不可避免的情况，但是如果处理得当，异议也不会给公司的发展造成致命的打击。

8.8 责权不明晰，日入5万元的茶饮店，最后还是关门了

钱亮是一家茶饮店的老板，经营店铺已经有两年的时间了。店铺的生意越来越好，也积累了一些忠实的客户。为了更好地发展店铺的生意，钱亮找来了自己的好朋友王子鸣，合伙创立了一家餐饮公司。钱亮提供技术，王子鸣提供资金，两人各占公司50%的股份。

钱亮负责对员工进行培训，而饭店的运营管理、渠道拓展等都是王子鸣的工作。在两人的努力下，茶饮店的规模不断扩张，在短短的两年内开设了5家分店。店铺的生意也越来越好，节假日的时候，单家店铺就可以日入5万元。

生意越做越大，钱亮和王子鸣之间也渐渐产生了矛盾，原来王子鸣在管理茶饮店的过程中树立了较大的威信，员工对其十分信服，对钱亮的命令却往往并不理睬。因为此事钱亮与王子鸣发生了争执。为缓和两人的关系，王子鸣同意钱亮出任公司的董事长，负责管理公司，自己则退居二线。

但钱亮对管理公司并不在行，在他的带领下，公司的效益频频下滑，迫于无奈，钱亮请求王子鸣重新管理公司。但在公司动荡的这段时间里，竞争对手获得了较快的发展，并向两人的餐饮公司发起了挑战，在恶劣的市场环境下，即使王子鸣力挽狂澜，也无法使公司恢复到之前的发展水平。最终，公司在激烈的市场竞争中逐渐败下阵来。

合伙企业在经营时，难免会受到人情世故的影响，特别是在初创企业时，合伙人各种利益和情感相互交错，碍于情面，往往很难确定各个合伙人出资对应的价值，也无法明确规定各合伙人的职责和权利。

然而，合伙企业的壮大发展，不是仅仅依靠合伙人之间较好的交情就能达成的，其更需要共同协商，确定发展的目标，明确各合伙人的职责和权利，做到团队内部的稳定。如果没有这些，合伙企业的运营就会出现混乱，以致因权利问题产生纠纷，严重影响企业的发展。

建立科学的责任划分机制，有利于保障合伙人的共同利益。那么，合伙企业应如何科学地划分合伙人的职责和权利呢？主要有以下 3 种方法。

（1）一人一票决定公司管理事务：不论各合伙人出资多少，其表决权都一样。这种方式有利于决策的公平和内部的和谐，但是不利于决策的集中。

（2）根据出资比例享有决策权利：此方法对出资多的合伙人更有利，也有利于团队的集中管理与决策，但是这种方法降低了其他合伙人的话语权，会增加决策失误的概率。同时，在这方面，各合伙人要避免平等划分股权，即两个或四个合伙人拥有一样的决策权，这也不利于决策的集中。

（3）根据专业特长建立决策机制：此方法有利于团队决策的科学，但也存在效率低下的问题，容易导致公司丧失绝佳的发展时机。

从整体来看，这3种方式各有利弊。创业团队要根据公司的发展时机、发展状况，做出最适合团队发展的决策方式。但是无论采用哪一种方式，都要制定细致的规则，避免出现因意见分歧导致无法决策的情况。

明确各合伙人的分工之后，仍要以协议的方式将各方职责确定下来，即各合伙人需要签订合伙人分工协议。合伙人分工协议示例如表8-2所示。

表8-2　合伙人分工协议示例

合伙人分工协议

甲乙丙三方在平等自愿的原则下，经过友好协商，共同签订以下分工协议。

1. 甲乙丙三方在充分的市场调查以及共同协商的基础上决定开展此业务。

2. 合伙期限为____年，自______年__月__日起至______年__月__日止。

3. 甲乙丙三方共同议定：________（人事调度、考勤安排）等事务由甲方全权负责；________（公司财务、日常事务）等事项全权由乙方负责；________（运营管理、客户维护）等事项全权由丙方负责（各个合伙企业可以根据公司的具体安排进行具体划分）。

4. 企业的核心事务由核心负责人全权负责，其他人参与辅助工作，保证决策的顺利科学执行。

5. 在利润分配时，甲乙丙三方要以资产评估为依据，按出资比例进行

续表

货币分配。

6. 合伙企业设立的专用银行账户，其中的资金不得挪作他用。

7. 未经其他合伙人一致同意，禁止某一个合伙人私自进行业务活动。如果业务造成损失，该合伙人必须按实际损失赔偿。

8. 合伙人之间如发生纠纷，应共同协商，本着合伙事业共同发展的原则予以处理解决。

9. 本协议如有未尽事宜，应由甲乙丙三方进行讨论补充或修改。修改补充的内容与本合同有着同等的效力。

10. 本协议自订立之日生效，本协议一式 3 份，甲乙丙三方各执 1 份。

甲方签字：________

乙方签字：________

丙方签字：________

合伙人分工协议能够明确各合伙人的职责，当企业的运作出现问题时，各位合伙人也能够明确是哪位合伙人的工作出现了问题，能够避免合伙人之间相互推诿的问题。

第 9 章
用人风险：别让公司的人事变动变成一场“消耗战”

公司管理本质上是对人的管理，用人失败也是创业者创业时失败的重要因素之一。为避免这方面的失败，创业者就需要做好人事管理，处理好员工入职、在职期间以及离职时的管理。

9.1 劳动合同不完善，公司遭受损失

2020 年 9 月，某公司招聘了一批新员工，在新员工工作一段时间后，为提高员工的工作能力，公司将这批新员工送到了总部培训，为期三个月。在此期间，公司会依旧向其支付基本工资。谁知两个月后，有几名员工向公司申请辞职，公司自然不同意，

但 30 天之后，这几名员工还是离开了公司。为此，公司不仅浪费了培训资源，也损失了一笔资金。

以上案例就表明了劳动合同不完善引发的风险。如果公司对员工进行培训，那么应提前与员工约定好违约条款，规定员工在多长时间之内不能够离职，如果员工执意离职，那么公司就可以依照违约合同要求员工承担赔偿责任。

为规避劳动合同不完善导致的风险，公司在与员工签订劳动合同时的注意事项，如图 9-1 所示。

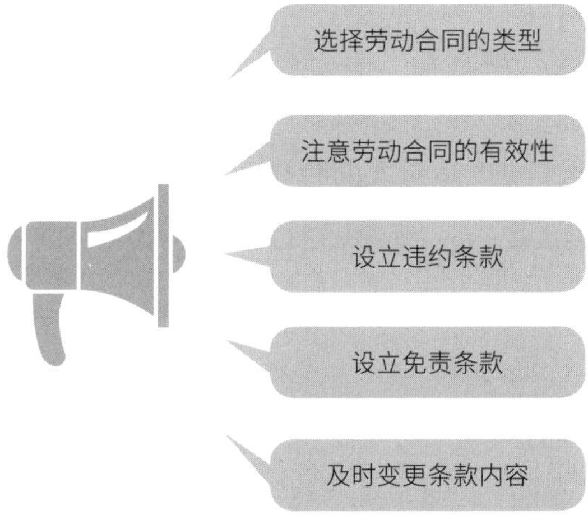

图 9-1　公司在与员工签订劳动合同时的注意事项

1. 选择劳动合同的类型

劳动合同分为固定期限劳动合同、无固定期限劳动合同和单项劳动合同。

（1）固定期限劳动合同

固定期限劳动合同是指公司与员工约定合同终止时间的劳动合同，是一种最常用的劳动合同。

（2）无固定期限劳动合同

无固定期限劳动合同是指公司与员工约定无确定终止时间的劳动合同。《中华人民共和国劳动合同法》（以下简称“劳动合同法”）第十四条规定，用人单位与劳动者协商一致，可以订立无固定期限劳动合同。有下列情形之一，劳动者提出或者同意续订、订立劳动合同的，除劳动者提出订立固定期限劳动合同外，应当订立无固定期限劳动合同：

（一）劳动者在该用人单位连续工作满十年的；

（二）用人单位初次实行劳动合同制度或者国有企业改制重新订立劳动合同时，劳动者在该用人单位连续工作满十年且距法定退休年龄不足十年的；

（三）连续订立二次固定期限劳动合同，且劳动者没有本法第三十九条和第四十条第（一）项、第（二）项规定的情形，续订劳动合同的。

用人单位自用工之日起满一年不与劳动者订立书面劳动合同的，视为用人单位与劳动者已订立无固定期限劳动合同。

（3）单项劳动合同

单项劳动合同是以完成一定工作任务为期限的劳动合同，是指公司与员工约定以某项工作的完成为合同期限的劳动合同。

具体选择哪一种劳动合同，公司应与员工共同协商确定。

2. 注意劳动合同的有效性

劳动合同法第二十六条规定，下列劳动合同无效或者部分无效：

（一）以欺诈、胁迫的手段或者乘人之危，使对方在违背真实意思的情况下订立或者变更劳动合同的；

（二）用人单位免除自己的法定责任、排除劳动者权利的；

（三）违反法律、行政法规强制性规定的。

根据劳动合同依照劳动合同法第二十六条规定被确认无效，给对方造成损害的，有过错的一方应当承担赔偿责任。

3. 设立违约条款

违约条款应当包括服务期以及保密事项等约定。

劳动部发布的《违反〈劳动法〉有关劳动合同规定的赔偿办法》第四条规定，劳动者违反规定或劳动合同的约定解除劳动合同，对用人单位造成损失的，劳动者应赔偿用人单位下列损失：用人单位招收录用其所支付的费用；用人单位为其支付的培训费用，双方另有约定的按约定办理；对生产、经营和工作造成的直接经济损失；劳动合同约定的其他赔偿费用。

同时，《中华人民共和国劳动法》第一百零二条规定，劳动者违反本法规定的条件解除劳动合同或者违反劳动合同中约定的保密事项，对用人单位造成经济损失的，应当依法承担赔偿责任。劳动部《违反〈劳动法〉有关劳动合同规定的赔偿办法》第五条进一步规定，劳动者违反劳动合同中约定的保密事项，对用人单位造成经济损失的，按《中华人民共和国反不正当竞争法》第二十条的规定支付用人单位赔偿费用。

公司可以根据上述规定在劳动合同中设立相关违约条款保护自己的权益。例如，劳动合同法第二十二条规定，用人单位为劳动者提供专项培训费用，对其进行专业技术培训的，可以与该劳动者订立协议，约定服务期。劳动者违反服务期约定的，应当按照约定向用人单位支付违约金。违约金的数额不得超过用人单位提供的培训费用。用人单位要求劳动者支付的违约金不得超过服务期尚未履行部分所应分摊的培训费用。

另外，对于掌握公司机密的创业合伙人或者核心员工，公司可以设定保密条款和竞业禁止条款。事先约定违约条款可以保护公司的合法权益不受损害。

4. 设立免责条款

有的公司实力较弱，很难将员工入职之前的历史掌握清楚。如果员工刻意隐瞒事实，那么公司很有可能无法察觉，这会导致公司可能在未来因竞业禁止等原因承担连带赔偿责任。为规避这种风险，公司需要提前在劳动合同上添加免责条款。

例如，公司可以在劳动合同中规定，“乙方员工向甲方公司保证，乙方在进入甲方公司工作之前，与其他任何机构和个人不存在或者已解除劳动关系；无任何违法行为和民事与刑事纠纷。如存在隐瞒上述事实的行为，一经查实，甲方有权终止本合同，且造成的一切法律后果由乙方承担，与甲方无关”。

5. 及时变更条款内容

如果员工的岗位、薪资等发生变化，那么公司应及时变更劳动合同中的相关条款内容，避免因此产生劳动纠纷。

9.2 员工提供虚假简历，公司未必能顺利解除劳务合同

近年来，公司和员工就简历造假问题产生劳动纠纷的事件屡见不鲜。那么，当公司发现员工简历造假时，是否可以因此与其解除劳动关系？

案例一：

2020 年 6 月，刘某入职某互联网公司担任营运经理，双方签订了为期三年的《劳动合同》。2020 年 11 月，该公司向刘某发出《辞退通知书》，原因是公司发现刘某于入职时提交了虚假简历，在《应聘申请表》和《员工登记表》中填写的内容存在学历造假的行为，严重违反了公司规定。公司因此要求和刘某解除劳动关系。

刘某不服，提起诉讼。在法庭上，该公司出示了刘某学历造假的证据，而刘某则表示，学历并非录用的条件，并且入职以来，公司并没有对其工作能力产生异议，因此请求恢复原劳动关系。

法院认为,《应聘申请表》和《员工登记表》中都要求所填信息必须真实，刘某有如实告知义务，应如实填写个人信息。刘某的行为存在虚报信息的情形，违反了该公司《员工手册》和《应聘申请表》等文件的规定，因此该公司以此解除劳动合同不违反法律规定。

案例二：

A 劳务派遣公司与 B 科技公司签订了《劳务派遣协议》，约定由 A 公司向 B 公司派遣员工,B 公司为用工单位。2020 年 9 月，B 公司拟聘用孙某为 A 公司的产品经理，A 公司应其要求与孙某签订劳动合同。2020 年 12 月，两家公司查询孙某人事档案，发现其此前应聘时提供的简历信息存在造假问题，学历与工作经历都是虚假的，因此请求法院判定 A 公司与孙某签订的劳动合同无效。

法院认为，两家公司未在劳动合同中约定录用条件，也未要求孙某填写履历以固定证据，甚至没有要求孙某提供学历、工作经历证明，未对其真实情况进行核实，因此对其主张不予支持。

为什么同样是虚假简历引发的劳动合同纠纷，审判结果却完全不同？

许多公司在招聘员工时往往会要求其填写《员工登记表》《应聘申请表》等文件，并在《员工手册》中将劳动者隐瞒或伪造履历等纳入公司规章制度“严重违纪”的范畴，约定其法律责任。

劳动合同法第三十九条规定，劳动者有下列情形之一的，用人单位可以解除劳动合同：……（二）严重违反用人单位的规章制度的。因此，如果公司与员工约定了必须遵守的规章制度，那么员工违反规章制度时，公司就有依据与其解除劳动合同。

同时，公司在招聘员工时须要求对方提供学历及工作证明。如果公司像案例二中的两家公司一样，没有对此进行要求或核实，在招聘时存在重大过失，也没有在劳动合同中约定录用条件，那么一旦发生虚假简历问题，法院在审判中往往不予支持。

9.3 公司向员工要求的违约金，多数情形无效

王某是某公司技术经理，2019 年 10 月，双方签订了劳动合同。合同中约定：王某需对公司的生产安全负责，积极维护公司设备，如违约，则需赔付公司 10 万元。2020 年 3 月，公司生产设备因操作不当发生严重损坏，导致公司损失 100 余万元。2020 年 6 月，王某向公司提出解除劳动合同。此时公司以王某严重失职，使公司遭受重大损失为由，对其罚款 10 万元。2020 年 7 月，双方解除劳动关系，公司仍欠王某工资 5 万元。随后，王某以公司拖欠工资为由提起仲裁，而公司也以王某违反合同约定，给公司造成损失为由，要求王某赔偿损失。

庭审中，双方均陈述了事实并表达了自己的观点。王某认

为，劳动合同中约定的违约金没有法律依据。公司则认为，王某与公司签订劳动合同就意味着其接受了这一约定，公司付给王某高薪也是以王某遵守劳动合同中的义务为前提的。

仲裁庭认为，根据《中华人民共和国行政处罚法》第八条规定，罚款是行政处罚的种类之一，只能由行使国家行政权力的行政管理机关或者法律授权行使行政权力的机构行使。公司对王某做出 10 万元罚款的依据是双方签订的劳动合同，但劳动合同法第二十五条规定，除劳动合同法第二十二条规定的专项培训费、第二十三条竞业禁止中用人单位可以约定违约金外，用人单位不得与劳动者约定违约金，因此，该公司和王某约定的违约条款违反法律规定，属于无效条款。

最终，在调解不成的情况下，仲裁庭裁决公司 10 日内支付王某的应得工资 5 万元；驳回公司的其他请求。

如上述案例中所示，一些公司为避免遭受不必要的损失，会在劳动合同中与员工约定违约条款和违约金，那么，这样的条款有效吗？

违约条款是否有效要看其是否符合劳动合同法的规定。劳动合同法第二十五条规定，除本法第二十二条和第二十三条规定的情形外，用人单位不得与劳动者约定由劳动者承担违约金。

第二十二条规定，用人单位为劳动者提供专项培训费用，对其进行专业技术培训的，可以与该劳动者订立协议，约定服务期。

劳动者违反服务期约定的，应当按照约定向用人单位支付违约金。违约金的数额不得超过用人单位提供的培训费用。用人单位要求劳动者支付的违约金不得超过服务期尚未履行部分所应分摊的培训费用。

用人单位与劳动者约定服务期的，不影响按照正常的工资调整机制提高劳动者在服务期期间的劳动报酬。

第二十三条规定，用人单位与劳动者可以在劳动合同中约定保守用人单位的商业秘密和与知识产权相关的保密事项。

对负有保密义务的劳动者，用人单位可以在劳动合同或者保密协议中与劳动者约定竞业限制条款，并约定在解除或者终止劳动合同后，在竞业限制期限内按月给予劳动者经济补偿。劳动者违反竞业限制约定的，应当按照约定向用人单位支付违约金。

据以上条款可知，当劳动合同中约定的违约金条款符合上述两种情形时，条款有效，员工需要承担违约责任。除此以外在其他情形中约定违约金的行为都是无效的，没有法律支持。

9.4 试用期期间，公司也不能随时解除合同

公司在招聘员工时都会约定试用期限，在员工试用期间，双方都有解除劳动合同的权利。一些公司在员工试用期间与其约定的权利义务比较松散，同时，对员工稍有不满就要解除劳动合同。那么，公司可以在员工试用期内随时解除劳动合同吗？

劳动合同法第二十一条规定，在试用期中，除劳动者有本法第三十九条和第四十条第（一）项、第（二）项规定的情形外，

用人单位不得解除劳动合同。用人单位在试用期解除劳动合同的，应当向劳动者说明理由。

第三十九条规定，劳动者有下列情形之一的，用人单位可以解除劳动合同：

（一）在试用期间被证明不符合录用条件的；

（二）严重违反用人单位的规章制度的；

（三）严重失职，营私舞弊，给用人单位造成重大损害的；

（四）劳动者同时与其他用人单位建立劳动关系，对完成本单位的工作任务造成严重影响，或者经用人单位提出，拒不改正的；

（五）因本法第二十六条第一款第（一）项规定的情形致使劳动合同无效的；

（六）被依法追究刑事责任的。

第四十条第（一）项规定，劳动者患病或者非因工负伤，在规定的医疗期满后不能从事原工作，也不能从事由用人单位另行安排的工作的。第四十条第（二）项规定，劳动者不能胜任工作，经过培训或者调整工作岗位，仍不能胜任工作的。

总之，在员工试用期内，公司解除劳动合同的条件是必须证明劳动者在试用期间不符合录用条件。公司如果在员工试用期内解除劳动合同，则需要向员工说明理由。如果公司没有证据证明员工不符合录用条件，则不能解除劳动合同。

究竟怎样才是“不符合录用条件”？如果公司在签订劳动合同时，没有向员工明确公示其所在岗位存在着哪些情况符合解除合约的未录用条件，那么公司则不能以“不符合条件”为由随意解除合同。

如果公司单方提出解除合同，或因裁员等重大变动辞退试用期员工，那么需要提前30日以书面形式通知员工本人或者额外支付其一个月工资后，才可以解除劳动合同。

9.5 劳动合同到期后不续签，公司需要支付赔偿金

劳动合同期限短则几个月到一年，长则十几年，在劳动合同到期之后，如果公司还想与员工合作，就需要与员工续签合同。但有些员工愿意工作又不愿意续签合同，或者公司疏于管理，也没有及时和员工续签合同。那么，劳动合同期满不续签存在哪些风险？

在劳动合同期未满之前，对于是否与员工续签劳动合同的问题，公司需要尽早做出决策。如果公司不想与员工续签劳动合同，应提前书面通知员工，同时在劳动合同到期时与员工办理合同终止手续。如果公司既没有和员工续签劳动合同，又没有办理终止手续，则会形成事实劳动关系。在形成事实劳动关系之后，公司再与员工解除劳动关系，就需承担更多的法律风险。

例如，周子鸣在某科技公司工作，在其劳动合同还差1个月到期时，他向公司提交了一份续签劳动合同的书面申请，但公司并没有理会。劳动合同到期后，公司没有提出终止合同，也没有提出要续签合同，周子鸣依旧去上班。这样持续3个月后，公司

突然找到周子鸣，表示要与其解除劳动关系。

周子鸣不接受这一结果，他认为公司在劳动合同到期前没有表示是续签还是终止，合同到期后，让他工作又不续签合同，结果工作 3 个月后又要解除劳动关系。公司需要对这种行为负法律责任。

在以上案例中，公司需要承担哪些责任呢？劳动合同法第八十二条规定，用人单位自用工之日起超过一个月不满一年未与劳动者订立书面劳动合同的，应当向劳动者每月支付二倍的工资。劳动合同到期后公司未解除合同，员工继续在公司工作的，视为没有订立劳动合同，适用以上法律规定。

第四十六条规定，有下列情形之一的，用人单位应当向劳动者支付经济补偿：（四）用人单位依照本法第四十一条第一款规定解除劳动合同的。而第四十一条第一款规定就是“劳动合同期满的”。

第四十七条规定，经济补偿按劳动者在本单位工作的年限，每满一年支付一个月工资的标准向劳动者支付。六个月以上不满一年的，按一年计算；不满六个月的，向劳动者支付半个月工资的经济补偿。

劳动者月工资高于用人单位所在直辖市、设区的市级人民政府公布的本地区上年度职工月平均工资三倍的，向其支付经济补偿的标准按职工月平均工资三倍的数额支付，向其支付经济补偿的年限最高不超过十二年。

本条所称月工资是指劳动者在劳动合同解除或者终止前十二个月的平均工资。

根据以上法律规定，在上述案例中，公司需要向周子鸣支付双倍工资和经济补偿。由此可知，合同到期后不续签存在法律风险，为规避这种风险，公司就需要及时做出决策，与员工终止合同或者续签合同。

9.6 考勤表、工资单不让员工确认，仲裁时可能败诉

有的公司在人事方面的制度不完善，考勤表、工资单等没有让员工签字确认的程序，在这种情况下，如果公司与员工产生了劳动纠纷，公司在举证时，考勤表、工资单等没有员工的签字，那么这些证据就无法被认可，公司也可能会因此败诉。

案例一：考勤表无员工签字无效力

刘某在某装饰公司上班，在劳动合同期未满时接到了公司解除劳动合同的决定。随后刘某申请劳动仲裁，要求公司支付其加班工资、未休年假工资。该公司并不买账，并将此案件诉讼至法院。

审理过程中，该公司出具了刘某的考勤表、打卡记录、打卡机记录的出勤情况等，以证明其已休年假，但考勤表上并没有刘某的签字。对于以上证据，刘某均不认可。

据此，法院认定刘某未休年假，判决该公司依法支付刘某带薪年假工资差额。

案例二：工资单无员工签字无效力

钱某与某设计公司终止了劳动合同后不久，以该公司未支付其法定节假日加班工资为由提起劳动仲裁。仲裁委裁决支持钱某的请求后，该公司不服，将此事诉讼至法院，要求撤回对钱某的加班工资赔偿请求。

审理过程中，公司表示钱某的确加过班，但公司已依法向其支付过加班工资，并出具了钱某的工资单汇总表进行举证，证明钱某已得到各类加班工资。但该工资单上没有钱某的签字，钱某也对此进行了否认。

据此，法院裁定公司存在拖欠钱某加班工资的情况，并判决钱某胜诉。

为什么在许多劳动争议案中，即使公司出具了工资单、考勤表等证据，但还是会败诉呢？原因就在于没有员工签字的考勤表、工资单没有效力。

《劳动人事争议仲裁办案规则》第十三条规定，当事人对自己提出的主张有责任提供证据。与争议事项有关的证据属于用人单位掌握管理的，用人单位应当提供；用人单位不提供的，应当承担不利后果。

考勤表、工资单等是公司保管和掌握的，存在被伪造、窜改的可能，对员工一方的权益不利，因此应由员工签字确认其真实性。如果公司仅提供无员工签字的考勤表、工资单等证据的，再加上员工一方否认，那么法院并不会认可这些证据。

公司应如何避免此类风险？最重要的就是做到规范化管理，健全各项规章制度，如加班审批制度、考勤管理制度等。同时，公司应依照制度规范，让员工对考勤表、工资单等进行签字确认，以此留存有效证据。

9.7 员工旷工多天，公司直接解约也属违法

浙江某公司因员工无故旷工3日违反了公司的规章制度，向其发送了《解除劳动合同通知书》。但该员工却提起了诉讼，认为公司违法解除劳动合同，应支付其赔偿金9.8万元，最终经法院判决，公司需要支付赔偿金9.8万元。

为什么员工旷工，公司直接解约需要支付赔偿金？原来该公司在解除劳动合同时没有通知工会，违反了劳动合同法的规定。劳动合同法第四十三条规定，用人单位单方解除劳动合同，应当事先将理由通知工会。用人单位违反法律、行政法规规定或者劳动合同约定的，工会有权要求用人单位纠正。用人单位应当研究工会的意见，并将处理结果书面通知工会。依据以上法条，该公司属于违法解除劳动合同，因此应支付赔偿金。

那么当公司发现员工旷工时，应如何正确应对呢？

首先，公司应该向员工寄送一份《催告函》。催告员工返回公司上班，并向员工表明，如果遇到了特殊情况，应向公司说明缘由，办理请假手续。此外，公司还应通知员工，如果其既不请假，也不返回公司，那么公司有权单方面解除劳动合同。

其次，公司需要根据《催告函》发出后的反馈情况进行相应的处理。如果员工收到《催告函》后返回公司，则按照公司规章制度对其擅自离岗的行为进行处罚。如果员工收到《催告函》后依然没有回公司上班，那么公司可与其解除劳动关系。

最后，公司需要向员工邮寄《解除劳动合同通知书》。在寄送通知书之前，公司需要与员工取得联系，最好让员工来公司办理离职手续。如果员工不能来办理离职手续，公司则可以将离职协议等需要员工签字的材料寄送给员工，并让员工签好字后寄回公司。

如果因为员工擅自离职而给公司造成了经济损失，那么公司可以向员工索赔。《关于企业处理擅自离职职工问题的复函》中规定，未经企业同意，擅自离职的职工给企业造成损失的情况，可视其给企业造成损失的大小，责令其给予企业一定的经济赔偿。

第 10 章
管理风险：公司既要“走得快”也要“走得稳”

管理失败指的是创业者对公司管理不善所导致的创业失败。在创业者管理公司的过程中，暗含着诸多风险，可能一个错误的决策就会导致公司走向末路。为避免管理失败，创业者在追求公司发展速度的基础上，也要保证公司发展的稳定性。

10.1 管理制度不完善，没有做到公平公正

很多公司在创立之初，由于创业者的能力和个人魅力出众，即使没有规范的公司制度，员工也愿意与创业者一起努力。但当公司发展壮大之后，如果依然没有规范的制度，就会滋生一系列

不平等事件，引发员工之间的矛盾，引发公司管理的风险。

李林创立了一家互联网公司，经过三年多的发展，公司的规模也不断扩大，但李林没高兴多久公司就出现了问题。上个月，公司的三名骨干纷纷辞职，让公司的运作一下子陷入了困境。他很不解，这三名技术骨干都曾为公司立下了汗马功劳，和自己经历了很多创业路上的风雨，为什么现在公司发展了，对方却走了？

后来，李林经过一番调查才知道，原来是自己的管理出了问题，没有做到赏罚分明。刚创业的时候，条件艰苦，大家一起艰苦奋斗，谁也没觉得不公平。后来产品研制成功，经营慢慢转好，自己能赚多少就拿多少报酬，也没人心生怨言。

但现在公司发展壮大了，李林依旧沿用以前的管理制度，有些技术骨干为了公司的核心项目不分昼夜地工作，为公司的技术创新、产品开发付出了很多心血，但最终得到的报酬却与普通员工差别不大。由于公司没有统一的考核标准，很多技术骨干觉得自己的付出与收入不符，长此以往，他们的心理越来越不平衡，最后纷纷选择离开。

公司的管理离不开完善的制度，没有制度为依据，创业者也无法对员工进行公平公正的管理。很多公司由于缺乏制度的约束，员工各行其是，创业者也难以对员工进行科学的评判，导致公司内部矛盾丛生，最后走向破产。

相比之下，有些公司在创办之后就建立了健全的管理制度。员工在制度的约束下行事，创业者对员工的管理有据可依，公司也能够在和谐稳定的状态下不断发展。因此，创业者必须要建立完善的公司制度，如财务制度、考核制度、培训制度、薪酬制度等，保证决策的科学性。

同时，建立完善的制度并不意味着制度越多越好。制度铺天盖地，也会导致公司管理失控，引发管理风险。

经过多年打拼，李元创立了一家网络游戏公司，公司创立之初，管理十分松弛，没有详细的管理制度，公司发展十分艰难。李元在员工的建议下，建立了方方面面的规章制度。在各部门的积极响应下，新的规章制度很快进入实施阶段，员工对制度的执行力非常强，希望能推动公司的发展，但结果却让人大失所望。

李元不得不重新审视新制定的制度。他发现这些制度虽然很详细，但也很杂乱，同一件事情业务部门要管理，生产部门也要管理；有些制度既涉及生产管理条例，又涉及后勤管理条例，这些都降低了公司的运作效率。

为了解决这一问题，李元对公司制度进行了精简梳理，制定出了一个明确完整的制度体系，公司的运作也开始走向正轨。

铺天盖地的制度会让管理变得琐碎、杂乱无章，降低公司的运作效率。制度设计是必要环节，但在设计过程中要把握关键要素，有全局性的安排，以提升效率、增长效益为前提。盲目追求制度管理而制定过多制度的做法是错误的。创业者要建立一个完善、明确、精简的公司制度体系，才能发挥制度的效力，真正提升管理水平。

10.2 制度执行不到位，没有落到实处

创业者在制定了制度之后，就要坚决执行，有制度不执行也会引发公司的管理风险。

2020 年 10 月，孙奇创办了一家小型电商公司，2021 年 4 月，公司因经营不善陷入危机。随后，该公司被业内的一家大型电商公司看中并收购。

孙奇认为公司陷入经营危机是因为没有优质的产品和丰富的营销管理经验。但这家大型电商公司收购孙奇的公司后，并没有进行产品和营销方面的调整，甚至没有更换公司的设备或者裁员，而是要求员工严格执行公司此前制定的方针和规章制度。在这之后仅仅过了一个季度，公司就开始转亏为盈。

同样的公司，只是换了管理人员，为什么会有这么大的差距？最关键的一点就是“执行”，也就是将制度落实到位。任何一项工作、任务能够完成，都是紧抓执行的结果，制度不能只写在纸上，更要从纸上“走”下来，落实到日常工作中。如果没有执行，再完善的制度也是一纸空文，发挥不出其应有的作用。

总之，有制度，更要有执行。创业者一定要将制度落实到工作中，以此规避公司管理过程中的诸多风险，保证公司的正常运作。

10.3 管理模式传统落后，“家长制”管理模式盛行

许多创业者虽然创立了公司，但却并不懂如何管理公司，不懂得使用更先进的、科学的管理模式，仍通过落后的“家长制”管理模式管理企业，表现为在管理中任人唯亲、唯我独尊并喜欢主观猜测臆断。这些“家长制”管理方式的弊端是十分明显的，会导致企业管理水平低下，最终走向衰亡。

1. 任人唯亲式

“家长制”管理模式的第一个表现就是采用任人唯亲式的管理方式，即在财务、人事等方面任用自己的亲属。这些创业者往往看不到公司中能力、品行突出的员工，在关键岗位的任用方面，只会任用自己的亲属，哪怕亲属的能力并不突出。而这样的做法往往会为企业带来巨大风险。

某上市公司在此前成立的 20 年里一直发展得很稳定，前景也十分可观，但其创始人在选择接班人时，没有选择大家认为的最优秀的员工来做接班人，而是任命其缺乏管理经验的儿子为公司的接班人。而在其儿子接手后一年的时间里，公司非但没有发展，反而亏损了大笔资金，在这之后公司状况每况愈下，最后不得不申请了破产。

相反，另一家上市公司的创始人就坚决反对任人唯亲，并且其公司明确规定了员工亲属不得进入公司工作。该创始人认为，

如果自己或员工的亲属进入了公司，可能会互相联合起来，形成不同的利益团体，这对公司的发展是极为不利的。正是因为该创始人的这种坚持，其公司的其他员工也会将自己的亲属拒之门外。该创始人在退休时，挑选了大家公认的最有管理能力和管理经验的员工来管理公司，这使得公司历经几十年沉浮依旧欣欣向荣。

2. 唯我独尊命令式

“家长制”管理模式的第二个表现就是唯我独尊命令式的管理方式，这也是不可取的。

首先，命令式管理方式意味着创业者与员工间沟通的缺失，创业者下达命令，员工就需要按部就班地执行这个命令。员工对命令缺乏思考，只是在盲目地执行，在这种情况下，若是命令执行的过程中出现了意外，员工也无法在最短的时间内做出正确的反应。

其次，命令式管理很大程度上表现了创业者的意志，员工执行的每一个步骤都是被规定好的，这严重限制了员工主观能动性的发挥，也难以激发员工工作的潜力。对于劳动型的员工而言，多一点命令或许无可厚非，但是对于技术型、研发型岗位的员工而言，命令式管理方式无疑会使员工的创造性受到压制。

3. 主观猜测臆断式

“家长制”管理模式的第三个表现就是主观猜测臆断式的管

理方式，这也是创业者需要避免的。在管理员工的过程中，创业者常常受到主观因素的影响，以主观猜测去做决定，这极大地影响了决策的科学性。

创业者在评判事情或选择人才时也可能会犯这样的错误。如果创业者在评判事情与人才时过于主观，必定会给管理工作造成不利的影响，难以发挥员工的特长，无法实现人尽其用。

同时，员工在工作中出现错误是难免的，而出现错误的原因可能是多方面的，如果创业者仅凭主观猜测就认为是员工自身的问题，那么这种评价是非常片面的，容易造成管理者与员工之间的矛盾。

徐亮创办了一家纺织公司，经过几年的发展，公司的业务也在不断扩张。王鑫是该公司的一名销售员，其工作十分努力，销售经验也十分丰富，连续几个月都是销售团队的销售冠军。然而，在这个月，王鑫却因为上个月下滑的销售额受到了批评。原来，上个月由于工作调动，王鑫被调往其他地区负责新地区的销售，而新地区的用户群体并不多，王鑫需要花费时间来寻找新的客户。这些转变使得王鑫与上个月的销售冠军失之交臂，王鑫也因销售额的下滑遭到了徐亮的责备。

王鑫自觉十分委屈，工作量下滑并不是因为自己工作不努力造成的，但是徐亮在评判其工作时却主观地认为其工作不努力。这种责备让王鑫十分受挫，此后一个月的销售额依旧没有提升。

上述案例就表明了臆断式管理方式的弊端，除了无法对事情做出正确、客观的判断外，臆断式管理方式也不利于人才的培养。正确的职业生涯规划对于人才的成长具有重要的指引作用，而若是创业者依据自己的主观猜测来安排员工的职位，就无法让员工在适合自己的岗位上发挥出更大的价值。这对于人才的成长和公司的发展而言都是非常不利的。

上述三种管理方式都在很大程度上体现了创业者的意志，也大大增加了企业的决策风险，一旦创业者的判断出现了失误，那么企业的发展也将受到打击。为规避这种风险，创业者必须摒弃以上三种管理方式，摒弃“家长制”管理模式，基于事实、问题需要、员工反馈等做出正确决策。

10.4 部门职责不清，遇事相互推诿

吴浩是某公司的老板，该公司经过几年发展，规模不断扩大，设有总经理办公室、销售部、生产部、采购部、品管部、总务部、财务部等部门。一天，办公室的员工向吴浩反映，办公室上个月采购的一批电脑经常卡顿，存在严重的质量问题。

吴浩立即就此事召集采购部、品管部和办公室的相关员工召开了会议。在会议中，办公室认为是采购部没有做好调查，导致电脑存在质量问题；采购部则认为是品管部没有尽到质量检查的责任；而品管部则表示以往办公室采购的物品都是直接和采购部进行沟通，品管部此前并没有这方面的职责。

几个部门之间就此事吵得不可开交，都拒绝承认是本部门的

责任，同时也提不出有效的解决方法。而吴浩也察觉到了公司管理中存在的问题：各部门职责不清、相互推诿、执行力差。

为解决这一问题，吴浩树立了各部门的职责，规定公司采购的任何物品都要采购部进行数量和质量的确认，并由品管部进行质量核查，同时对各部门的其他职责也进行了细化和明确。经过一段时间的整顿，各部门之间的协作更加流畅，执行力也大大提高了。

如果公司各部门职责不清，就容易产生部门间相互推诿的问题，同时部门的执行力也很差，这些都会引发公司管理的风险。为规避这种风险，创业者有必要明确各部门职责，让各部门的各种行为有据可依。这不仅能够提高各部门的执行力，同时当公司运作出现问题时，创业者也能够根据部门职责精准问责。

10.5 职能结构不合理，执行效率低

组织职能指的是为实施企业计划而建立起来的一种结构，其在很大程度上决定着计划能否实现。如果企业的职能结构不合理，那么即使创业者制订了科学的战略计划，也得不到有效的实施。企业职能结构方面可能存在的问题主要表现在 4 个方面，分别是职能缺失、职能错位、职能弱化、职能交叉。一旦出现以上问题，企业的执行效力必然低下，企业的管理能力也将大打折扣。

1. 职能缺失：职能设置存在缺失

赵刚是某化工企业的创始人，在一次检查中，他发现销售部门存在一个十分严重的问题——一些订单存在着延期交货的风险。经过和销售部门经理的沟通，赵刚了解到，订单延期交货的原因在于生产部门无法按计划完成生产任务。随后赵刚又向生产部门经理了解情况，生产部门经理表示生产任务完不成的原因在于质检部门常常难以及时提供检验结果，并且采购部门有时也无法及时提供原料。

上述案例中，该企业缺乏对流程的管理，也没有相应的部门统一管理各部门间的协作。这表明企业的组织职能是存在缺失的。

2. 职能错位：某部门承担了其他部门要具备的能力

郑涵是某贸易公司的总经理，最近一段时间，他发现人力资源部门和各业务部门之间的矛盾日益凸显，为解决这一问题，郑涵对两个部门的工作进行了一系列的调查。

经过调查，郑涵发现业务部门和人力资源部门的矛盾主要集中在员工考核方面：在当前的考核制度规定中，业务部门员工的考核目标由业务部门下达，但是对员工的日常工作情况、目标完成情况进行检查考核的是人力资源部门。人力资源部门负责检查业务部门员工的目标完成情况，为员工的绩效考核评分，而业务部门失去了对员工进行考核的权力。在这种情况下，业务部门的主管和经理往往对员工的业绩表现不管不问，只顾着进行部门的业务工作。

更糟糕的是这种制度使业务部门和人力资源部门之间产生很大的矛盾。业务部门认为人力资源部门的检查太多，给部门的日常工作造成了很多麻烦，认为本部门是在帮人力资源部门的忙。而人力资源部门也常常抱怨业务部门不配合工作。在出现问题时，双方总是相互推诿、互相指责，导致很多问题找不到明确的负责人，问题久拖不决，严重影响了公司的运行。

这反映出业务部门与人力资源部门在职责分工方面存在错位的问题。绩效考核的目的是实现公司、部门的目标，各部门的考核目标都是由公司目标分解而来的，并且目标必须经过人力资源部门和业务部门的充分沟通认可后才能够实施。

同时，绩效考核工作涉及两种工作分工：一是绩效考核的组织者，即人力资源部门负责公司绩效方针的制定，并组织、汇总各部门考核情况；二是绩效考核的执行者，即业务部门负责考核的记录、统计、评价、改进等工作。

为保证考核的公平公正性，人力资源部门可以对业务部门的考核执行工作进行检查，但不能代替其工作。如果双方的职能出现错位，工作职责不明，势必会造成种种问题。

3. 职能弱化：某部门的业务能力不足以支撑业务运行

一些企业里可能会存在这种状况：某些部门的工作十分饱和，员工时常加班，而另一些部门的工作却十分轻松。如果企业中存在这样的反差，就说明存在职能弱化的问题。

4. 职能交叉：业务分散在两个或者两个以上的部门

职能交叉也是常见的组织问题。例如，某公司刚刚招聘了一批新员工，在正式上岗之前，人力资源部门对其进行了基础的培训，同时业务部门也对其进行了业务方面的培训，一段时间后，新员工的整体工作情况不佳，在创业者询问问题的原因时，人力资源部门和业务部门都将责任推到了对方身上，称是对方的培训不给力，而并不反思本部门培训可能存在的问题。

职能交叉在很多企业中都是存在的，在业务关联性较强的部门，更容易出现职能交叉。如果在职能交叉的领域出现问题，相关的部门往往会相互推诿，推卸责任。

当出现以上 4 种职能问题时，各部门间的工作无法顺利地衔接，企业的执行效率自然也会降低，在这种情况下，创业者也无法发挥自己的管理能力。为规避以上风险，创业者需要定期对企业职能结构进行诊断，明确各部门是否具有开展本部门业务的能力，同时明确各部门职责，避免企业管理出现交叉地带或真空地带。企业的执行力提高，创业者对于企业的管理才是有效的。

第 11 章
市场把控风险：新品上架不好卖，可能是市场根本不需要

公司依托于市场而发展，如果创业者对市场把控不准，推出了不符合市场需求的产品，或者没有处理好市场变化带来的问题，那么公司的发展也会陷入困境。为此，创业者需要警惕各种市场风险，避免因应对不善导致创业失败。

11.1 产品更新换代慢，难以满足消费者需求

某日化公司以销售各种化妆品、护肤品、家用清洁品为主。最近几年，在激烈的市场竞争中，该公司的市场份额不断下滑，原因就在于公司的产品更新换代太过缓慢，难以满足消费者不断

变化的需求。

为解决这一问题，该公司投入了大量时间深入分析消费者需求的变化，同时进行了多种产品的升级并推出了新型产品。例如，和传统的洗手液相比，消费者偏爱更加便捷的免洗洗手液，于是推出了免洗型的抑菌洗手液；在护肤品方面，针对孕产期的消费者，推出了更安全、不刺激的护肤套装。这些产品都受到了消费者的喜爱。

在上述案例中，该日化公司通过及时更新产品缓解了产品危机，这对于其他公司的经营具有指导意义。如果公司的产品更新换代慢，难以满足消费者不断变化的需求，那么公司就会陷入产品危机。

为避免这种产品风险，公司应注重产品的更新迭代，不断完善产品。产品迭代就是为了满足消费者需求，对产品不断进行更新的过程。

在产品发展的不同阶段，进行产品迭代的目的是不同的。例如，对于刚上市的产品，公司在迭代时的目的往往是对产品进行完善和修复；而对于已经成熟的产品，迭代的目的往往是对产品的功能进行升级或增加新的功能等。

同时，无论对产品进行怎样的迭代，公司都要思考消费者的痛点是什么、使用的场景有哪些、迭代需要解决什么问题等，以此把握消费者的核心需求，提出有针对性的迭代方案。总之，公司进行产品迭代的目的就是让产品能更好地适应消费者需求的变化。

11.2　主观臆断开发的新产品没有市场

很多公司在产品迭代方面十分积极，经常推出新的产品，但总是反响平平，难以得到广大消费者的认可，原因就在于公司在推出产品前并没有进行市场调查，新产品是基于主观臆断研发出来的，并不能满足消费者的需求。

在推出新产品之前，公司需要进行市场调研，确定市场行情和消费者的需求，最终确定产品研发的可行性。那么在推出新产品时，公司应如何进行市场调研呢？5W2H 法是在进行市场调研时经常使用的一种方法，主要包含的内容如表 11-1 所示。

表 11-1　5W2H 法主要包含的内容

Why	市场环境如何
Where	处于怎样的位置
What	竞品调研
Who	目标用户群体
When	何时研发产品
How	如何研发产品
How much	投入多少资金研发产品

公司可以根据以上 7 个方面针对产品研发进行市场调研。

1. Why：市场环境如何

在研发新产品之前，公司要明确为什么要进行产品研发。这就需要公司对市场环境进行调研，了解想做的产品市场有无增长空间，从经济趋势的角度长远看待产品的发展情况和政策导向，并分析市场规模。如果某产品的市场需求大，政策环境良好，那么推出新产品就能够获得更好的市场反响。

2. Where：处于怎样的位置

公司需要明确自己在市场中处于一个怎样的位置，明确自己的市场份额和增长趋势，并且确定在目标市场，公司是否处于竞争小且市场规模较大的局面。

3. What：竞品调研

在进行竞品调研时，公司可以通过 Google Trend、百度指数等查看各种数据、热门指数；可以通过推特、微博等社交媒体倾听用户的声音；可以通过行业峰会、新闻报道等了解行业大咖对于相关产品的分析。

4. Who：目标用户群体

在目标用户群体分析方面，公司需要分析用户行为数据，建立用户的行为模型和标签模型，这样才能研发出符合目标用户需求的产品。

5. When：何时研发产品

公司需要对产品战略与产品功能进行规划，明确什么时候进行产品研发。

6. How：如何研发产品

公司需要明确新产品有哪些优势，明确要在新产品上进行哪些突破、哪些创新，以实现产品的差异化。

7. How much：投入多少资金研发产品

在明确如何研发产品之后，公司还要确定研发新产品的人力、物力和财力的预算，确保研发项目可以在充足资金的支持下顺利完成。

通过以上几方面的分析，公司可以了解市场环境，找到市场缺口；可以收集用户对产品的认知和竞品的优缺点；可以分析用户的行为和需求。这些都能够使公司的新产品研发方案更具科学性。

11.3 原材料供应不足，产品利润降低

2020年底，某制造公司进行财务决算时发现，2020年公司原材料成本支出大幅增加，导致全年利润总额同比增速仅为2.5%，堪称历史最低，这让公司压力倍增。2020年，市场中的原材料供应不足，原材料价格上涨，导致公司的成本支出增加，利润大幅缩减。

原材料供应风险是市场中的常见风险，公司应如何应对？

一方面，在和供应商签订采购合同时，公司可以在合同中约定未来一段时间内的采购价格，将未来的采购价格锁定，降低原材料价格上升对公司的影响。

另一方面，如果因为缺少原材料而取消订单，公司也会支付大笔违约费用，更不会因为交易获利。因此在原材料供应不足时，为保证运营，公司可以通过以价换量的方式解决原材料供应不足的问题，即接受原材料供应商提出的较高的价格。

如果只接受了较高的原材料成本而不调整产品价格，公司的产品利润就必然会降低。为了保证利润，公司可以适当上调产品价格，同时和客户做好沟通。

怎样和客户沟通产品涨价的问题？首先，要给客户一个涨价的预期。在涨价前，公司应提前和客户做好沟通，给客户一个缓冲期，这样等到真正涨价时，客户不会有太大的心理落差。其次，涨价要有理有据。为获得客户的理解和信任，公司需要将原材料涨价的事实和客户沟通清楚，给出产品涨价的依据。最后，

涨价要一步到位。一次性的大幅涨价比三番两次的涨价更容易让客户接受，如果公司频繁涨价，则容易引起客户的反感，甚至导致客户流失。

除了涨价之外，公司也可以通过技术改造的方式应对原材料供应不足的问题，提升效益。公司可以改进生产设备，提高产品的生产效率和合格率，提高原材料的利用率。例如，公司可以通过打造自动化装配生产线来提高生产效率和产品优良率，从而提升公司利润。同时，公司也需要做好产品的技术创新，突出产品的性能优势和卖点，这样在和客户谈判时，客户能够更容易地接受涨价。

11.4 供应商供货出现问题，产品供需链断裂

某服装制造公司计划在夏季来临之前推出一批夏季服装，并和布料供应商签订了分批采购合同，和部分经销商签订了销售合同。布料供应商提供的第一批布料到货后，公司就开始了生产。

一个月后，布料供应商提供的第二批布料到货后，公司的质检部门发现这批布料存在质量问题，根本不能用于生产，和布料供应商进行沟通时，对方承认了自己货源紧张以次充好的问题。虽然服装制造公司可以依据双方签订的违约合同获得一笔违约金，但当下的问题却难以解决，公司无法在规定的时间内完成生

产并向经销商供货，最终因主动解约，服装公司也向经销商赔偿了违约金。

在以上案例中，由于供应商提供的布料出现质量问题，该服装制造公司的产品供需链也走向了断裂，这反映出了该服装制造公司在供应商管理方面的缺陷。为避免陷入以上危机，公司需要做好供应链管理，建立供应商管理体系，提高供应链的抗风险能力。

首先，公司要严格把控供应商的审核与准入，建立好供应商准入制度，对供应商进行以下方面的审核。

（1）了解供应商的基本档案资料，如营业执照、税务登记证、组织机构代码、质量体系认证以及其他有关证书等。

（2）了解供应商的财务状况，根据供应商的资产情况和现金流情况分析其财务实力，根据供应商的销售额和净利润分析其获利能力。

（3）对供应商提供的货物进行质量审核，确保货物的质量能够满足本公司的生产要求。

（4）对供应商的历史履约情况进行调查，分析其运营能力和信用情况。

其次，公司要定期对供应商进行考核，持续对其进行监督，明确其是否能够实现预期绩效。公司需要指派相关业务人员记录公司与供应商的交易与各项活动，并对供应商进行考核，考核的内容包括供货质量、供货服务、技术考核等。

最后，公司需要对供应商进行分类管理，随时补充优质供应商。公司可按照供应商供应的货物种类对其进行分类，为保证货物的竞争性，每一类的供应商最好不要低于 3 家。如果发现某一类别的供应商数量不足，需进行补充；如果此前的供应商在供货质量、响应速度等方面存在严重问题且难以改善，那么公司也应及时终止与其的合作，同时引进更优质的供应商。

11.5 市场竞争加剧，市场份额降低

某乳制品公司在当地颇具知名度，其产品受到了当地消费者的认可，公司发展也蒸蒸日上。但不久后，另一家乳制品公司强势进入该地市场，通过多重促销活动迅速吸引了消费者的注意力。在激烈的竞争下，该乳制品公司的市场份额不断降低。为了应对竞争，该乳制品公司也随之开展促销活动，但在这场价格战争中，该乳制品公司并不占优势，最终败下阵来。

市场中的竞争十分激烈，出现新的竞争者也是常有的事，那么，公司应如何应对这一问题？单纯的价格战并不能从根本上解决市场竞争的问题，公司必须制定合适的竞争力策略，提高自身市场竞争力。

一方面，公司要对目标市场进行细分。在制定市场竞争策略时，只有聚焦于目标市场的策略才是有效的。公司需要针对细分市场、细分消费者制定有针对性的竞争策略。在制定好策略后，公司需要组织自身资源，将这些资源集中在某一细分市场上，提

高产品在该细分领域的竞争力。

另一方面，公司要想发挥出自己的竞争优势在细分市场中脱颖而出，就要具备经营特色，打造自身在技术、产品方面的竞争力。为此，公司需要强化自身技术，通过技术开发和工艺创新，取得新的研发成果，推出新结构、新样式的产品。公司推出的产品能够满足消费者的需求，更具竞争优势，公司就能够掌握市场竞争的主动权，也能够更加从容地应对市场竞争。

11.6　消费心理发生变化，产品需求量减少

消费者在购买产品时面临着多样的选择，同时消费者的购买行为受价格、质量、广告宣传、流行趋势等多种因素的影响。消费者的需求偏好和消费心理的变化影响其对产品的需求和购物选择，可能会导致产品的需求量减少，这会引发公司的市场风险。

为了规避这一风险，公司需要分析消费者常见的消费心理，并对其进行引导。一般来说，消费者的消费心理主要有以下几种。

1. 从众心理

许多消费者在购买产品时都会搜索同类产品中的爆款产品，这就体现了消费者的从众心理。为满足消费者的这一心理，公司

可以通过低价促销、品牌联名等方式打造出爆款产品，吸引更多消费者的目光。

2. 权威心理

具有权威认证的产品更容易获得消费者的认可，这其中体现的就是消费者的权威心理。为此，公司需要为产品寻找背书，一般来说，公司可以为产品打造以下几种背书。

（1）媒体背书：一些权威的媒体品牌在消费者群体中有广泛的认知度和较高的信任度，当这些媒体为产品背书时，消费者就会将对媒体的信任转嫁到对应的产品上。例如，当某产品被央视等权威媒体认可或称赞时，消费者就会认为该产品值得信赖。

（2）名人背书：名人背书十分常见，例如很多公司都会起用明星担任代言人，明星的影响力会影响消费者的消费心理和消费选择。

（3）第三方认证：第三方认证包括正式和非正式两种。正式的第三方认证包括：质量管理体系标准（ISO9001）认证、中国强制性产品（China Compulsory Certification，3C 认证）认证、中国名牌、著名商标等由第三方机构颁发的认证书。非正式的第三方认证包括：官方销量数据、公司身份、与权威机构的合作关系、权威机构颁发的奖项等。

（4）创始人个人背书：很多公司的创始人都以自身的信誉为产品代言，这也能够加深消费者对于产品的信任。

3. 追求实惠的心理

消费者在购物时往往存在一种追求实惠的心理，例如，当产品进行促销时，总会吸引更多的消费者。因此，公司可以通过满减、折扣等优惠手段吸引消费者购买产品。

在了解以上心理的同时，公司还要对产品目标消费者的消费心理进行调查，明确消费者注重的是产品的价格还是质量，并在此基础上制定相应的策略。

11.7 贸然开拓新市场，公司发展受阻

某餐饮公司经过五年多的经营，发展趋于稳定，在多个大城市开设了十余家餐厅，公司利润也十分可观。为推动公司的进一步发展，公司决定下沉大城市周围的二、三线城市，在这些城市中开设更多的餐厅。

餐厅开起来后，经营效果却远不如公司的预期。餐厅刚开业时的确吸引了一批消费者前来消费，但其高昂的价格难以在周围一众平价餐厅中占据竞争优势，来餐厅的消费者越来越少，没多久，餐厅就陷入了入不敷出的境地。

上述餐饮公司开拓市场的失败是必然的，在决心进军二、三线城市之前，公司并没有对目标市场进行调查，没有了解目标市

场的竞争环境、消费者需求等，贸然进入最终导致失败。公司开拓新市场是必要的，但必须规避其中的各种风险。

一方面，在开拓市场初期，公司必须要对目标市场进行调查，了解目标市场的竞争情况和消费者需求，分析目标市场中的机遇和威胁，并据此制订完善的市场开拓规划和风险防控计划。如果在调查中发现当前的产品不符合目标市场中消费者的需求，或者在目标市场中不具备竞争优势，公司就需要有针对性地推出新的产品。

另一方面，开拓市场是一个循序渐进的过程，公司可以先在小范围内投放产品，试探市场的反应，以此调整策略。同时，这样的方式也能够减少产品的大量生产和积压。如果市场反应良好，那么公司就可以逐步扩大市场范围和投放产品的品种，同时引入区域代理商，通过直销和分销相结合的方式提升产品销量。

11.8 市场营销策略失误，“烧钱”未必能做好营销

企业的品牌是在不断营销、不断渗透的过程中建立起来的，营销渗透和渠道渗透对于建立品牌具有重要意义。只有不断地进行营销与渠道渗透，产品销量与市场份额才能实现持续增长。那么，有一些企业就会据此推导出如下结论：有钱就能促进品牌营销和品牌的持续渗透，就能够推动企业和品牌发展。形成了这种

认知之后，这些企业往往会希望通过“烧钱式营销”推广品牌，为企业宣传增色。

在现实中，在品牌营销方面投入巨额资金的企业并不少，但真正获得快速且持续成长的企业依然寥寥无几。推动企业成长的关键并非“烧钱”，而是实现品牌渗透。而现实是，很多企业投入了大量资金做品牌营销，却没有达到理想的渗透效果，这是为什么？

1. 预算浪费

品牌营销所选择的营销媒介和销售渠道必须能够触达消费者，才能加深消费者对于品牌的印象，实现较好的品牌渗透效果。

比如早些年，宝洁等外企习惯于用总收视点（Gross Rating Point，GPR）数据衡量电视广告的效果，而媒介代理公司为了获得好看的数据，往往会将广告投放在几乎无人观看的深夜。这样的品牌营销难以触及大量消费者，营销效果自然不会好。随后宝洁调整了营销策略，将营销资金转移到了数字化渠道、网络渠道，增加了触达消费者的规模，提高了品牌渗透率，最终推动了品牌的发展。

2. 缺乏品牌独特性

品牌营销的前提是品牌具有独特性，即具有能够让消费者分辨品牌和记忆品牌的特点，使品牌能够在消费者的心中留下印象。如果品牌缺乏独特性，无法使消费者明确记住品牌，就会很容易和竞争对手品牌混淆。“分辨”和“记忆”是品牌独特性的两个核心功能，脱离了这两大功能，只谈营销创意的营销活动只会浪费资金。

许多企业都习惯于投入大量资金设计一个品牌价值主张，创造许多复杂的品牌营销素材，以获得消费者的认可或感动消费者，但却忽略了品牌营销最基础的目标——让消费者辨识出品牌、记住品牌。只有让品牌深深植入消费者的记忆中，品牌的价值主张营销才是有效的。

3. 缺乏持续性

在营销策略方面，很多企业都会抓住“6·18”购物节、“双11”购物节等时机进行爆炸式营销，或借助互联网热点事件进行事件营销，但却忽略了平时持续的营销渗透。这是违反消费者记忆特点的，消费者不会根据一次性印象购买某品牌的产品，只有不断通过各渠道看到该品牌，才会记住品牌并且购买该品牌的产品。因此，企业需要持续地进行品牌宣传，一遍遍加深消费者对于品牌的印象。

比如盒马鲜生在开张时引起了广泛关注，但如果缺乏持续性的曝光和品牌渗透，其也会被消费者遗忘。消费者还是会选择每天都能看到的华润万家、人人乐等超市。又如，即便已经成为全球知名的大品牌，可口可乐依旧十分重视品牌的宣传推广，不断地进行品牌营销和渠道渗透。

持续性的营销并不是营销方式或营销渠道的持续性，而是营销效果的持续性，使品牌持续不断地渗透到消费者的心中。所以，无论是进行节日营销、事件营销还是日常曝光营销，无论是进行线上营销还是线下营销，最终结果只要有助于品牌渗透，就都是有价值的。

4. 产品品质硬伤

许多品牌都可以靠传统的分销、广告的渗透模式，同时借助我国巨大的人口红利和市场差异性实现快速增长。在这种情况下，许多企业都忽视了对产品品质的要求。但在当下的竞争市场中，品牌口碑的竞争越来越突出，如果产品质量不佳，甚至产品存在硬伤，那么就会大大影响品牌的口碑，进而会阻碍品牌的成长。

比如，以高品质著称的格力无疑是我国空调市场上的龙头企业，其他产品质量较差的空调品牌虽然可通过薄利多销的方式在市场中生存，但却难以获得进一步发展，更无法与格力抗衡。企业要想成功建立品牌，就要保证产品质量，要想实现品牌的持续增长，就要不断提高产品品质并不断创新。

总之，“烧钱式营销”的时代早已过去，要想取得更好的营销效果，就要保证产品质量、打造品牌的独特性，同时保证营销的持续性和有效性。品牌营销是需要技巧的，一味地“烧钱”营销难以赢得消费者的欢心。

第 12 章
合同把控风险：谨防合同变成公司的“催命符”

合同是公司开展经济活动、取得效益的纽带，也极容易引发纠纷。如果创业者对合同的法律风险认识不足，没有掌握必要的合同签订的技巧，就会引发合同纠纷。在处理这些纠纷时，创业者不仅要付出大量的人力、财力，甚至还需要承担相应的法律后果。这些都会对公司的发展造成影响，甚至导致公司因此而破产。为了防患于未然，创业者需要加强对合同法律风险的防范意识和自我保护意识，进行严格的合同把控。

12.1　未做资信调查，对方可能无力履行合同

一般情况下，公司在与其他公司签订合同之前，首先要了解

对方的经营状况和资信状况，确定对方有能力履行合同。而在实践中，很多公司往往在未查验对方营业执照，对该公司的性质、经营范围、法定代表人等基本信息不了解的情况下就签订了合同，在索要货款时才发现对方下落不明。

例如，某工厂与某公司签订了《联营协议书》，约定双方合作研发生产新型产品。签订协议后，该工厂先向该公司支付了15万元技术使用费。但对方却未履行合同，等到工厂的负责人去对方公司沟通时，才发现已经人去楼空，最终该工厂的投资也无法收回。

上述案例表明，在签订合同之前，公司需要对对方公司进行调查，了解对方的资信情况，分析其履约能力，规避签约风险。

从合同主体来看，如果合同主体不具备法定的资格，那么就会存在法律风险。一些技术性要求很强的行业，如建筑、医药行业等，会规定从业者必须具备相应的资质才能够进行经营活动。如果公司和不具备相应资质的公司签订了合同，那么一旦发生纠纷，合同往往会被认定为无效，这会使公司遭受巨大损失。

为避免合同法律风险，公司在签订合同时应对合同主体进行审查。如果对方当事人为自然人，则需要审查其是否具有完全民事行为能力、是否具有相关资质；如果对方当事人为公司法人或其他组织、机构，也要审查其营业执照，并审查分支机构总公司的相关情况。

同时，公司需要调查合同主体履约能力，如果签订了合同，但对方没有履约能力，合同也会形如虚设，无法履行。因此在签订合同时，公司要对对方的信用情况、信誉、历史履约情况进行了解。具体来说，公司需要了解以下情况。

（1）对方公司概况。了解公司的性质、产品销售情况、公司的人员构成等，了解公司的管理能力。

（2）调查对方公司的法定地址和实际经营场所。有无法定地址能反映对方公司的经济状况、人员状况、经营稳定性等，同时一旦发生纠纷，法定地址也是送达法律文件的地址。

只有明确对方公司有履行合同的能力，有必要的支付能力或生产能力，明确合同是可行的，公司才能够与其签订合同。

12.2　未对签约主体进行资格审查，发生问题无人负责

公司在与任何对象签订合同时，都要先对其主体资格进行审核。什么叫作合同的主体资格呢？这是对民事法律关系主体而言的一个概念，是指依法享有权利以及承担义务的法律关系的参与人。合同的主体是对合同中规定的事项承担责任的对象，可以是一个人，也可以是一个组织。如果不对合同的主体资格进行审核，可能会出现有了问题却找不到责任人的情况。

那么，究竟如何对合同的主体资格进行审核呢？首先，应对对方的法人资格进行审核，审核内容包括 4 个方面。

（1）成立的过程是否有法律依据。

（2）是实缴注册还是认缴注册。

（3）公司名称、办公场所是否符合法律、法规的规定。

（4）是否能独立承担民事责任。

如果签约方属于组织性质，没有独立法人资格，那么应审查其营业执照。如果签约方属于公司的下设部门或者分支机构，同样需要对其法人资格进行审核。如果不符合条件，则可以拒绝与其签订合同，避免给公司的运营工作带来麻烦。

可能还会出现另一种情况，即合同的履行具有一定的专业性。遇到这种情况时，主体资格审核还应该包括对从业人员相应资格的审核。具体的做法可以是审核其从业资格证书。如果公司运营者在与对方签订合同时忽略了这一项内容，也就意味着合同能否如约履行是一个未知数，这是一种对自己公司不负责的表现。

例如，与从事教育行业的主体签订合同时，需要审查对方的教师资格证；与从事传媒行业的主体签订合同时，则需要审查对方的新闻采编从业资格证。总之，对于这些具有明显专业性质的主体，从业资格证的审查是非常重要的环节。

而且，在实际的审查过程中，还要确保双方的当事人都是合同中明确指出的主体。如果出现当事人与合同规定的主体不相符的情况，则需要重新确定；如果出现主体人变更的情况，也需要及时告知对方，并确认变更后的情况。而审查方则需要对此进行全面审查，从而确保不会给后续工作带来法律风险。

12.3 未约定权利与义务，出现问题谁来负责

合同的本质是一份具有法律效力的协议，它是对当事人之间设立、变更、终止民事关系的规定，以及当事人之间的权利和义务的规定。没有人能预测到双方在合作过程中会出现什么问题，会发生什么样的纠纷。如果双方没有在合同中约定各自的权利与义务，那么工作出现问题时也无法确定具体的责任人，这会给合作双方带来很多麻烦。

李楠和宋枫是多年的同窗兼好友，而且两个人都有开一间茶餐厅的愿望。为此，两个人在大学期间就做了详细的调研和规划。毕业后，他们便拿着成熟的计划开始了第一次创业。

由于两个人是好友关系，彼此也都非常信任对方。所以，在创业之初两个人并未签订任何合作协议或合同。而且，两个人在工作中的分工也没有一个明确的规定，谁愿意负责哪方面工作就负责哪方面工作。

餐厅刚开业时，生意比较冷清，而且两个人的创业热情也正好处于一个高昂的状态，因此，餐厅的管理工作进行得非常顺利。然而，随着时间的推移，餐厅也逐渐有了知名度，此时，餐厅的生意越来越火爆。这本该是一件值得高兴的好事，然而，李楠和宋枫之间却开始出现矛盾。最终，两个人因为在餐厅管理工作的分配上没有达成一致意见而闹上了法庭。

上述案例就是一起典型的因合作义务不明确而产生严重问题的案例。对于合作双方来说，合同中必定会涉及利益问题，而

这个问题又是最容易引发合作双方冲突的。不过，有冲突并不可怕，可怕的是没有有效的解决方案或依据。当人们面对利益时，都会极力地维护自己的利益，这时如果没有能够约束彼此的依据，就很容易陷入僵局。

为了保证合作关系的顺利进行，也为了避免日后合作中发生不可调和的冲突，创业者在制定合同时要先明确双方的义务。对于经验不足的创业者来说，可以参考同行业内其他人的意见，或者咨询专业的法律顾问。

总而言之，关于双方需要履行的义务，在合同中呈现得越详细越好，这也是制定合同时需要注意的事项之一。

12.4 条款语意模糊，发生纠纷难说理

合同内容包括合同签订主体以及双方约定的各项责任和义务。而后者通常是以条款的形式呈现出来，将每一种具体的情况列为一项条款。因此，合同条款的内容越详细越好。

《中华人民共和国民法典》第四百七十条【合同主要条款与示范文本】规定，合同的内容由当事人约定，一般包括下列条款：

（一）当事人的姓名或者名称和住所；

（二）标的；

（三）数量；

（四）质量；

（五）价款或者报酬；

（六）履行期限、地点和方式；

（七）违约责任；

（八）解决争议的方法。

公司可以根据合同所涉及的具体行业性质，有选择性地选用以上内容作为合同的主要条款。但是，不论合同的主要条款的内容是什么，对其中的细节问题的描述都是越详细越好。

合同条款的内容越详细，遇到具体情况时就越容易找到相对应的解决办法。所以，在合同中，只要是可能在合作过程中出现的问题，只要是双方能想到的问题，都可以以具体的条款展现出来，防患于未然好过“事后诸葛亮”。

例如，甲方需要乙方开发一套系统，并与乙方签订了合作协议。该协议规定，乙方应尽早完成系统开发工作。如果乙方提前完成的时间越早，则甲方为乙方支付的劳动报酬就越多。

显然，这就是一份非常模糊的合同条款。关于合同中的“尽早”没有一个明确的概念，也没有一个明确的时间界定。日后，即使乙方完成任务的速度非常快，如果乙方想凭借这份合同内容向甲方要求支付更高的劳动报酬，几乎也是不可能的事，因为并没有一个参照物让乙方来证明自己的完成速度很快。可能乙方最后会对此表示很不满，但却无可奈何。

又如，某餐厅在“七夕”前向某葡萄酒公司订购了 50 箱葡萄酒，合同中写着“甲方向乙方购买某品牌葡萄酒 50 箱”。之后该餐厅收到 50 箱葡萄酒，每箱 6 瓶，但在签订合同前，该餐厅一直认为订购的葡萄酒应该是每箱 12 瓶。该餐厅就此事与葡萄酒公司进行争论，但对方却表示合同中只规定了公司提供多少箱葡萄酒，没有规定每箱应该是多少瓶酒，公司的所作所为并不违反合约，是餐厅方面的理解有问题。最终，该餐厅因货源短缺而错过了“七夕”这一销售良机。

合同是确定双方权利和义务的重要依据，因此公司在签订合同前，必须认真分析各项条款，将可能发生争议的地方解释清楚。只有这样，当合同履行发生争议时，公司才能够从细致的合同条款中找出对自己有利的依据。

12.5　不注明违约责任和处理方式，公司追责难

《中华人民共和国民法典》第五百七十七条【违约责任】规定，当事人一方不履行合同义务或者履行合同义务不符合约定的，应当承担继续履行、采取补救措施或者赔偿损失等违约责任。因此，在合同中约定违约条款十分重要，如果不在合同中注明违约责任和处理方式，当对方违约时，公司无法依据合同为自己主张权利。

某团购网站曾与深圳某科技公司合作，让对方帮助其进行网络推广。双方就此事达成了一致协议，约定推广期为一年，推广费用为 20 万元。此后，双方签订了合作合同。合同中还规定，

推广费用分 3 次付清。第一次支付 5 万元定金，时间是在合同签订后一周内。第二次支付 10 万元，时间是在推广工作开始后的第 2 个月。第三次支付剩余的 5 万元尾款，时间是在推广工作开始后的第 10 个月。

该团购网站如约支付了第一次应付的 5 万元。到了第二次约定的交费时间，该团购网站以推广效果不佳为由，拒绝支付应付款项。该科技公司多次派人与其协商无果之后，只好将其告上了法庭。然而，因双方所签订的合作合同对违约事项及违约责任并没有明确的规定，所以，诉讼被法院驳回了。

商业合作的双方完全是因为利益驱动而确定合作关系，开展合作工作的，因此，在这个过程中，双方都需要有明确的条文规定来维护各自的合法权益。如果对违约责任没有明确的规定，一旦合作一方违背了合同约定，即使另一方的合法权益受到侵犯，也无法得到法律的保护。虽然依法签订的合同具有法律效力，但如果合同中关于违约责任没有明确的规定，那么法律也就缺乏了维护诉讼者权益的证据。因此，合同中应包含违约责任条款。违约责任条款包括违约责任承担方式、违约责任条款约定、损害赔偿范围、违约金 4 项内容。

1. 违约责任承担方式

当事人一方不履行合同义务或履行合同义务不符合规定时，应当承担继续履行、采取补救措施或者违约赔偿等违约责任。

2. 违约责任条款约定

违约责任条款约定是违约责任条款的核心内容，它应该包括所有可能的违约形式，以及违约补救、赔偿的问题。例如，双方签订的是为期两年的合作合同，那么合同中至少应给出一年之内退出合作关系的赔偿标准，以及一年之后退出合作关系的赔偿标准。因为这两种情况都是极有可能发生的，而且会给合作的另一方带来较大的影响，造成较大的损失。

3. 损害赔偿范围

当事人一方不履行合同义务或者履行合同义务不符合规定，给对方造成损失的，需要向另一方赔偿损失费。而这个损失赔偿额不能少于因违约规定的赔偿额，以及履行合同义务本可以带来的收益。

4. 违约金

当事人一方因违约给另一方带来了一定的损失，则需要将损失以金钱的方式赔付给另一方当事人。这个违约金可以在合同中直接规定，也可以根据实际情况进行折算。如果合同中事先约定的违约金低于实际损失，当事人的另一方可以请求人民法院或者仲裁机构予以处理。

在注明违约责任条款方面有两种常用的方法，第一是约定专门的违约条款，第二是在明确质量责任、交付责任的同时约定违约责任条款。在约定违约责任时，不能只注明“依法承担违约责任”“依法承担赔偿责任”等，这样约定必须承担举证责任，索赔程序也会更加烦琐，因此违约责任条款应明确违约责任实现条件、数额或计算方法，或直接约定违约方支付违约金 ×× 元。

12.6 口头变更合同未经书面确认，遭受损失时难以维权

受合同实际履行情况和市场的波动变化的影响，合作的双方对原合同的合作范围、产品要求、数量、价格、合同期限等内容进行变更是十分常见的。一些公司在签订合同时会通过书面形式确定合同内容，但对合同内容进行变更时却常常以口头约定代替书面合同。在这种情况下，如果对方公司缺少诚信，在公司履行变更的约定后不承认变更内容，那么公司在诉讼时也无据可依。

例如，甲工厂和乙工厂签订了购销合同，以每吨 3200 元的价格购买乙工厂 100 吨钢材，分期发货，货到付款。之后，因钢材畅销，价格上升，乙工厂向甲工厂要求每吨加价 200 元。由于甲工厂急需钢材，于是接受了这一价格变更，与乙工厂达成了口头约定。然而在合同履行结束后，甲工厂仍按原合同约定的价格付款。乙工厂因此对甲工厂提起诉讼，但因为缺乏价格变更的证据，故法院未支持其诉讼主张。

总之，如果合作的双方口头变更合同却没有以书面的形式确认，那么当一方违背口头约定时，另一方无法提出有力的证据保证自己的权益。因此，在履行合同的过程中，如果存在合同变更的情况，公司就需要及时更新合同，在新合同生效后再依据新合同履行自己的职责。

12.7 授权未及时收回，导致权利被滥用

在公司经营的过程中，公司往往会授权一些员工代表公司对外签订合同，但对于授权的范围和期限却并没有明确规定。在这种情况下，如果员工离职，并且其手中仍有公司的授权凭证，如加盖企业公章的空白合同书、介绍信等，那么这些员工可能会冒用公司的名义与他人签订合同。由于公司没有及时收回授权，因此需要对该合同负责。

例如，某服装公司长期授权员工张某向某布料厂订购布料，后张某因违反公司规定被辞退，但服装公司并未及时收回张某手中的授权凭证，也未将此事告知布料厂。之后，张某以服装公司的名义订购了 20 匹布料，布料厂按照其要求将布料送至指定地点，随后张某下落不明，布料厂将服装公司诉至法院，法院最终判决服装公司负责偿还该货款。

授权未及时收回，被授权人滥用权利会形成有效合同，也会

给公司造成损害。因此，在进行授权时，公司需要明确授权人主体、授权范围、授权期限等，以此规范授权人的行为。在授权结束后，公司需要及时收回授权凭证，避免授权人滥用权利。

第 13 章 投资并购风险："产业为本、金融为器"，资本和企业合作才能生财

公司要想发展壮大，往往离不开投资并购，但并不是所有的投资并购都能够促进公司发展。在投资并购的过程中可能会引发公司的诸多风险，如创始人失去控制权、引发股东纷争、引发财务问题等，公司也会因为投资并购的失败而步履维艰。

13.1 信息不对称，导致估价过高和人员流失

目前，很多公司都通过并购实现规模扩张和财富增长，在这一过程中，并购双方信息的不对称会给公司并购带来巨大风险，主要表现在以下几个方面。

1. 并购前的估值阶段

在并购交易中，对目标公司价值的评定是并购交易双方价格谈判的基础。但是，并购双方关于目标公司真实资产状况信息的不对称性影响了并购公司对目标公司价值的准确把握，使并购交易定价存在风险。

具体而言，在公司并购中，并购公司对目标公司进行估值时，评估方法的选择、评估参数的确定等都取决于并购公司对客观资料的搜集和掌握情况。在这一过程中，目标公司可能会有选择地披露一些有利信息，从而加剧估值的不确定性，增加并购公司的估值风险。

2. 公司并购阶段

在公司并购阶段，信息不对称会导致财务报表不能准确反映目标公司的财务情况。这些不准确的财务数据会干扰并购公司对目标公司的价值判断和盈利能力判断，影响并购价格的确定。同时，在并购整合的过程中，如果员工与管理层之间掌握信息不对称，则容易出现理解误差，导致人员流失。

此外，并购双方在成长经历、市场环境等方面可能存在差异，并购完成后，并购双方深入的资源、结构整合，会对此前的营销机制、销售渠道等产生影响，如果市场方面的信息不对称，就会对双方的市场整合造成障碍。

为规避以上风险，公司在并购中需要解决信息不对称的问题，做好以下几个方面，如图 13–1 所示。

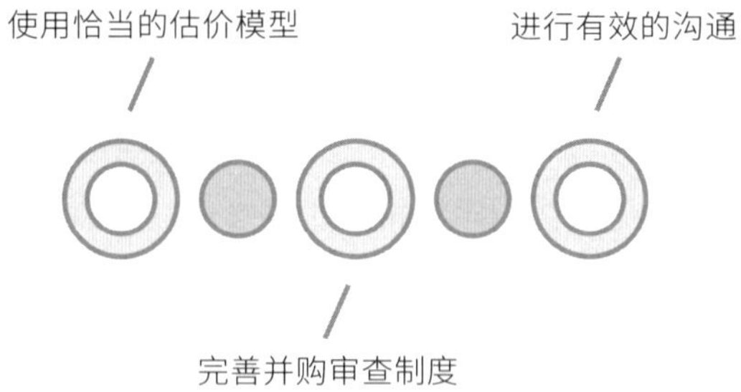

图 13–1　如何规避信息不对称的风险

1. 使用恰当的估价模型

公司可以利用恰当的估价模型对目标公司进行估价，如采用清算价值法对目标公司进行价值评估，将得出的价格作为并购定价的下限；采用现金流量法对目标公司进行价值评估，将得出的价格作为并购定价的上限，以此划定定价的范围，之后再通过与目标公司的讨论确定最终并购价格。此外，公司还可以聘请经验丰富、资质良好的中介机构对目标公司进行价值评估，会计师事务所、资产评估事务所等能够为公司并购提供必要的帮助。

2. 完善并购审查制度

公司需要完善并购审查制度。首先，公司需要对目标公司的财务状况进行审查，了解目标公司是否隐藏了部分不利信息，如未决诉讼、负债信息等。其次，公司要防止目标公司利用关联交易转嫁风险。目标公司为其他公司提供的抵押担保可能会形成并购公司的负债；关联公司之间以非市场价格进行的非货币性交易转移资产，可能会使得目标公司的资产价值虚高，增加并购公司的并购成本。最后，公司要重视法律审查，检查目标公司的各项业务是否符合法律规定，规避并购中的法律风险。

3. 进行有效的沟通

在并购的过程中，公司要加强与目标公司的沟通，消除员工对于并购行为的误解，同时通过有效的沟通实现双方公司在资源、市场、文化等多方面的整合。公司需要做好员工思想动员，通过多方宣传加深员工对并购的认知。在并购整合中，公司也要通过各种会议传达整合决策，并注意倾听员工的反馈。

13.2 投资人恶意稀释创始人股权，创始人失去控制权

对于公司的创始人来说，股权融资的最大风险就是控制权旁落。由于投资人出资获得公司的一部分股权，必然导致创始人的控制权被稀释。随着后续投资人的不断加入，创始人的控制权不断被稀释，最终有可能丧失实际控制权。

因为股权融资而丧失控制权的案例并不少。某电商公司的创

始人就因为控制权旁落，离开了自己一手创办的公司。

该电商公司成立于 2012 年，经过多年的发展，市场规模不断扩大，因此需要更多的资本来维持运营。为了获得更好的发展，电商公司的创始人与业内巨头 A 公司达成合作，获得了该公司的战略投资。

A 公司希望通过投资该电商公司拓展自身公司的业务，推动公司的发展。合作达成后，A 公司向该电商公司投资了 6000 万元人民币，获得了电商公司 40% 的股份。有了充足的资金之后，该电商公司的销售额有了很大突破，发展势头强猛。

但此时，电商公司的发展已经暗含危机，股权融资之后，电商公司创始人持有的股份跌落到了 45%，这是十分危险的。虽然创始人还是公司的最大股东，但是其对公司的控制权随时都会丢失。

后来，A 公司通过吸收电商公司其他小股东手里的闲散股份，最终持股比例达到了 51%，进而取代创始人成为电商公司的最大股东。在随后经营公司的过程中，A 公司主张持续扩张，而创始人认为电商公司此前一直在扩张，应在以后采取稳健的发展策略。此事引发了双方之间的矛盾，失去控制权的创始人也无法左右公司的发展，最终，创始人选择离开自己一手创建的公司。

以上电商公司的案例表明，创业者通过股权融资引入外来资本时，首先需要考虑防止控制权旁落的问题。

首先，创业者不能为了高估值做不切实际的业绩保证或者不合理的人员安排保证。一般来说，投资人向一家创业公司投资时，一定会为了保护自身利益要求与创业者签订投资协议。投资协议的内容可能包括了让创业者提供业绩保证或者董事会人员安排保证等，创业者要充分认识投资协议的重要性，客观估计公司的成长能力，保证投资协议的签订不影响自己对公司的控制权。

其次，创业者要正确认识投资协议的对赌性，尽量避免签订对赌协议。对赌协议的核心在于，如果创业者不能完成一定业绩，就需要按照约定的计算方法向投资方支付货币补偿或向投资方转让股权或向投资方回购目标公司股权。也就是说，一旦公司经营不善，创业者就面临着破产或者失去公司控制权的风险。如果一定要签对赌协议，创业者则需要谨慎估算自己未来的财务预期。

最后，当投资人要求进入董事会时，创业者一定要首先保证人员安排可以代表自己的利益。如果创业者在股权方面拥有绝对控制权，但是在董事会中无法体现自己的意志，那么创业者所拥有的控制权是不完整的。创业者应当在投资协议以及公司章程中对投资人获得的董事会席位、如何行使董事权利、在怎样的条件下行使权利、行使权利的期限以及对董事会行使权利不当时的救济等条款作出详细规定。

13.3 公司合并审查不全面，导致承担额外债务

在公司合并的过程中，目标公司的债务情况是公司的重要关

注点。如果目标公司存在债务，那么在合并后，其债务就可能需要公司承担。

2020 年 4 月，某科技公司与某创业公司签订了收购协议，以 1200 万元的价格收购了该创业公司。在随后进行财务整合时，科技公司才发现创业公司拥有 200 万元的债务。科技公司要求创业公司清偿债务，创业公司却以收购协议未涉及债务清偿条款为由拒绝偿还债务，最终这笔债务成了科技公司的负担。

公司法第一百七十四条规定，公司合并时，合并各方的债权、债务，应当由合并后存续的公司或者新设的公司承继。

同时，第一百七十三条规定，公司合并，应当由合并各方签订合并协议，并编制资产负债表及财产清单。公司应当自作出合并决议之日起十日内通知债权人，并于三十日内在报纸上公告。债权人自接到通知书之日起三十日内，未接到通知书的自公告之日起四十五日内，可以要求公司清偿债务或者提供相应的担保。

由以上法律条款可知，目标公司的债务在合并之后，由之后的公司承继。同时公司也可以和目标公司以协议的形式明确债务的处理方式。

在合并之前，公司需要对目标公司的财务信息进行全面仔细的梳理，在此基础上准备一份资产调查清单，并请对方公司签字确认。同时，在进行价格谈判时，目标公司的负债情况也能够成为公司谈判的筹码，保证公司的利益。

13.4 并购整合不协同，引发风险

公司并购的一大动因是获得更好的发展，为了实现这一目标，并购后的公司必须要实现经营、管理等方面的协同。但是在公司并购整合过程中，存在诸多不协同因素，使公司经营面临风险。

1. 管理风险

并购之后公司的管理人员能否得到合适配备，能否找到得当的管理方法，管理手段是否具有一致性、协调性等，都是不确定的，存在管理风险。

2. 规模经济风险

公司并购后规模过大、成本支出大幅增多，在这种情况下，如果规模不经济，生产规模扩大未带来效益的增长，就会引发风险。

3. 范围经济风险

范围经济风险指的是公司在完成并购后，不能够实现核心技术的融合利用，无法依靠核心技术开发多种产品，难以实现范围

经济，只是低水平的重复生产。这种风险因素对于公司的发展是十分致命的。

4. 企业文化风险

如果并购双方的企业文化存在较大差异，并购后难以形成共同的经营理念、团队精神等，同样会带来风险。

那么公司应如何防范并购整合中不同方面的不协同的风险？

首先，在生产经营整合方面，公司并购后，其核心生产能力必须要满足公司规模日益扩大的需要，根据经营目标调整经营战略和产品结构体系，统一生产线，使生产协调一致，取得规模效益。

其次，在管理制度整合方面，公司需要提炼双方管理优势，优化管理制度，并将其落实在公司管理的过程中。对于被收购公司不合理、落后的管理制度，公司需要及时进行更新，保证目标公司能够更好地发展。

再次，在人员整合方面，公司要选择合适的管理人员进入被并购公司，同时进行必要的人员调整。在人员整合的过程中，公司也要及时与被并购公司的人员进行沟通，通过面谈、培训等形式对员工做思想工作，保持良好的沟通。此外，公司也需要对全部员工信息进行整合，建立新的人事数据库和人才梯队等。

最后，在企业文化方面，公司需要对两个公司的文化进行比较，借鉴对方公司的优秀企业文化，对原本的企业文化进行补充、完善，并以制度的形式将新的企业文化确定下来。

13.5 对赌协议中的“致命陷阱”，掉入则难以脱身

“对赌”是投资并购双方常用的保障投资安全的手段。对赌协议又称估值调整协议，是投资并购双方在达成投资并购协议时，为解决双方对企业未来发展的不确定性而设计的包含股权回购、金钱补偿等对未来企业的估值进行调整的协议。

当投资并购双方对企业现有价值争议不休时，可利用对赌协议，将暂时无法谈妥的争议点搁置，共同设定企业未来的业绩目标，在约定的未来节点，根据企业业绩目标的完成情况调整公司估值和双方权益。

如果投资并购方发给创业者的投资并购合同包含对赌协议，那么创业者就要小心了，因为它被业内人士称为“魔鬼协议”。对赌协议意味着，一旦企业经营不善，创业者就面临着破产或者失去控制权的风险，后果非常严重。

对赌协议中对企业的规定通常分为六个部分，即财务业绩、非财务业绩、赎回补偿、企业行为、股票发行、管理层去向。其中，财务业绩是对赌标的中最常见的形式。对赌协议通常会根据上述六个部分，对达到目标和未达到目标分别进行规定和解释，以其中的财务业绩为例，在达到目标时，一般会做出如下规定：

“如果完成一定销售额、总利润或税前利润、净利润或利润率、资产净值或几年内的复合增长率等财务性指标，则投资者按照事先约定的价格进行第二轮注资或出让一部分股权给原企业股东。”

在未达到目标时，对赌协议也会有相应的规定，具体如下：

"如收入未达到目标，则原公司股东应当向投资者进行现金补偿，其补偿的方式根据公式进行计算：应补偿现金 =（1- 年度实际经营指标 ÷ 年度保证经营指标）× 投资者的实际投资金额 - 投资者持有股权期间已获得的现金分红和现金补偿。"

从上面的示例条款来看，对赌协议签订后，企业必须达成规定的目标，否则就会失去相应的利益。这对于企业的长期发展来说存在着很大风险，而且很有可能会出现创始人由于股权逐渐减少，被"扫地出门"的情况。

为了避免遭受不必要的损失，创业者必须要了解对赌协议的四大风险。

第一，业绩目标不切实际。

创业者经常混淆了"战略层面"和"执行层面"的问题。如果对赌协议中约定的业绩目标不切实际，当投资者注入资本后，常常会将企业引向错误的发展战略。最终，企业将会陷入经营困境，创业者必定对赌失败。

第二，创业者急于融资，忽视了内外部不可控风险。

如果创业者急于获得高估值融资，而且对于企业的未来发展过于自信，常常会忽略了内部和外部经济环境的不可控风险，认为自己与投资者的要求差距小甚至无差距，做出错误的约定。

第三，创业者忽略了控制权的独立性。

忽略控制权的独立性是大多数创业者都会犯下的错误。创业者与投资者本应互相尊重，但是不排除投资者因为某些原因向目标公司安排高管，插手企业的日常经营和管理。在这种情况下，企业的业绩是好是坏都会受到投资者左右，所以签订对赌协议后，怎样保持控制权的独立性还需要创业者做好戒备。

第四，对赌失败失去控股权的风险。

条件温和的对赌协议还好说，如果遇到对业绩要求极为严苛的对赌协议，创业者就有可能因为业绩发展低于预期而失去控制权。

认识到对赌协议的风险以后，创业者就可以理解为什么对赌条款会被认为是坚决避免的“魔鬼条款”。那么，创业者应该如何规避对赌条款及其风险？创业者需要谨记：致命对赌要不得。具体而言，创业者需要考虑以下 3 个方面。

1. 投资者的背景

很多创业者认为只要投资者能够给项目投资就行，其他的不重要。但往往就是因为创业者没有事前调查清楚投资者的背景，以至于在实施项目的过程中会有一系列问题显现，例如，投资者的资金不到位，投资者过多地干预项目管理等。

2. 投资者的价值

创业者在与投资者签署协议之前，要明确项目需要什么样的价值以及投资者是否能够为项目带来相应的价值。刚起步的创业者不仅需要志同道合的人才，还需要一些行业专家对市场进行分析并提供建议。

3. 投资者的预期

在接受投资者的投资之前，创业者首先要知道投资者的预期回报。一些拥有超高预期的投资者加入项目后，若遇到利益冲突，他们就会为了自己的利益做一些对项目不利的事情。

附录一
《公司登记管理条例实施细则》摘要

第一章　登记范围

第二条　具备企业法人条件的全民所有制企业、集体所有制企业、联营企业、在中国境内设立的外商投资企业（包括中外合资经营企业、中外合作经营企业、外资企业）和其他企业，应当根据国家法律法规及本细则有关规定，申请企业法人登记。

第三条　实行企业化经营、国家不再核拨经费的事业单位和从事经营活动的科技性社会团体，具备企业法人条件的，应当申请企业法人登记。

第四条　不具备企业法人条件的下列企业和经营单位，应当申请营业登记：

（一）联营企业；

（二）企业法人所属的分支机构；

（三）外商投资企业设立的分支机构；

（四）其他从事经营活动的单位。

第五条　外商投资企业设立的办事机构应当申请登记。

第六条　省、自治区、直辖市人民政府规定应当办理登记的企业和经营单位，按照《条例》和本细则的有关规定申请登记。

第三章　登记条件

第十四条　申请企业法人登记，应当具备下列条件（外商投资企业另列）：

（一）有符合规定的名称和章程；

（二）有国家授予的企业经营管理的财产或者企业所有的财产，并能够以其财产独立承担民事责任；

（三）有与生产经营规模相适应的经营管理机构、财务机构、劳动组织以及法律或者章程规定必须建立的其他机构；

（四）有必要的并与经营范围相适应的经营场所和设施；

（五）有与生产经营规模和业务相适应的从业人员，其中专职人员不得少于 8 人；

（六）有健全的财会制度，能够实行独立核算，自负盈亏，独立编制资金平衡表或者资产负债表；

（七）有符合规定数额并与经营范围相适应的注册资金，其中生产性公司的注册资金不得少于 30 万元（人民币，下同），以批发业务为主的商业性公司的注册资金不得少于 50 万元，以零售业务为主的商业性公司的注册资金不得少于 30 万元，咨询服务性公司的注册资金不得少于 10 万元，其他企业法人的注册资金不得少于 3 万元，国家对企业注册资金数额有专项规定的按规定执行；

（八）有符合国家法律、法规和政策规定的经营范围；

（九）法律、法规规定的其他条件。

第十五条　外商投资企业申请企业法人登记，应当具备下列条件：

（一）有符合规定的名称；

（二）有审批机关批准的合同、章程；

（三）有固定经营场所、必要的设施和从业人员；

（四）有符合国家规定的注册资本；

（五）有符合国家法律、法规和政策规定的经营范围；

（六）有健全的财会制度，能够实行独立核算，自负盈亏，独立编制资金平衡表或者资产负债表。

第十六条　申请营业登记，应当具备下列条件：

（一）有符合规定的名称；

（二）有固定的经营场所和设施；

（三）有相应的管理机构和负责人；

（四）有经营活动所需要的资金和从业人员；

（五）有符合规定的经营范围；

（六）有相应的财务核算制度。

不具备企业法人条件的联营企业，还应有联合签署的协议。

外商投资企业设立的从事经营活动的分支机构应当实行非独立核算。

第十七条　外商投资企业设立的办事机构申请登记，应当具备下列条件：

（一）有符合规定的名称；

（二）有固定的办事场所和负责人。

外商投资企业设立的办事机构不得直接从事经营活动。

第十八条　企业法人章程的内容应当符合国家法律、法规和政策的规定，并载明下列事项：

（一）宗旨；

（二）名称和住所；

（三）经济性质；

（四）注册资金数额及其来源；

（五）经营范围和经营方式；

（六）组织机构及其职权；

（七）法定代表人产生的程序和职权范围；

（八）财务管理制度和利润分配形式；

（九）劳动用工制度；

（十）章程修改程序；

（十一）终止程序；

（十二）其他事项。

联营企业法人的章程还应载明：

（一）联合各方出资方式、数额和投资期限；

（二）联合各方成员的权利和义务；

（三）参加和退出的条件、程序；

（四）组织管理机构的产生、形式、职权及其决策程序；

（五）主要负责人任期。

外商投资企业的合营合同和章程按《中华人民共和国中外合资经营企业法》、《中华人民共和国中外合作经营企业法》和《中华人民共和国外资企业法》的有关规定制定。

第四章　登记注册事项

第十九条　企业法人登记注册的主要事项按照《条例》第九条规定办理。

营业登记的主要事项有：名称、地址、负责人、经营范围、经营方式、经济性质、隶属关系、资金数额。

第二十条　外商投资企业登记注册的主要事项有：名称、住所、经营范围、投资总额、注册资本、企业类型、法定代表人、营业期限、分支机构、有限责任公司股东或者股份有限公司发起人的姓名或者名称。

第二十一条　外商投资企业设立的分支机构登记注册的主要事项有：名称、营业场所、负责人、经营范围、隶属企业。

第二十二条　外商投资企业设立的办事机构登记注册的主要事项有：名称、地址、负责人、业务范围、期限、隶属企业。

第二十三条　企业名称应当符合国家有关法律法规及登记主管机关的规定。

第二十四条　住所、地址、经营场所按所在市、县、（镇）及街道门牌号码的详细地址注册。

第二十五条　经登记主管机关核准登记注册的代表企业行使职权的主要负责人，是企业法人的法定代表人。法定代表人是代表企业法人根据章程行使职权的签字人。

企业的法定代表人必须是完全民事行为能力人，并且应当符合国家法律、法规和政策的规定。

第二十六条　登记主管机关根据申请单位提交的文件和章程所反映的财产所有权、资金来源、分配形式，核准企业和经营单位的经济性质。

经济性质可分别核准为全民所有制、集体所有制。联营企业应注明联合各方的经济性质，并标明“联营”字样。

第二十七条　外商投资企业的企业类型分别核准为中外合资经营、中外合作经营、外商独资经营。

第二十八条　登记主管机关根据申请单位的申请和所具备的条件，按照国家法律、法规和政策以及规范化要求，核准经营范围和经营方式。企业必须按照登记主管机关核准登记注册的经营范围和经营方式从事经营活动。

第二十九条　注册资金数额是企业法人经营管理的财产或者企业法人所有的财产的货币表现。除国家另有规定外，企业的注册资金应当与实有资金相一致。

企业法人的注册资金的来源包括财政部门或者设立企业的单位的拨款、投资。

第三十条　外商投资企业的注册资本是指设立外商投资企业在登记主管机关登记注册的资本总额，是投资者认缴的出资额。

注册资本与投资总额的比例，应当符合国家有关规定。

第三十一条　营业期限是联营企业、外商投资企业的章程、协议或者合同所确定的经营时限。营业期限自登记主管机关核准登记之日起计算。

附录二
《中华人民共和国公司法》核心摘要

第三条　公司是企业法人，有独立的法人财产，享有法人财产权。公司以其全部财产对公司的债务承担责任。

有限责任公司的股东以其认缴的出资额为限对公司承担责任；股份有限公司的股东以其认购的股份为限对公司承担责任。

第四条　公司股东依法享有资产收益、参与重大决策和选择管理者等权利。

第五条　公司从事经营活动，必须遵守法律、行政法规，遵守社会公德、商业道德，诚实守信，接受政府和社会公众的监督，承担社会责任。

公司的合法权益受法律保护，不受侵犯。

第六条　设立公司，应当依法向公司登记机关申请设立登记。符合本法规定的设立条件的，由公司登记机关分别登记为有限责任公司或者股份有限公司；不符合本法规定的设立条件的，不得登记为有限责任公司或者股份有限公司。

法律、行政法规规定设立公司必须报经批准的，应当在公司登记前依法办理批准手续。

公众可以向公司登记机关申请查询公司登记事项，公司登记机关应当提供查询服务。

第七条　依法设立的公司，由公司登记机关发给公司营业执照。公司营业执照签发日期为公司成立日期。

公司营业执照应当载明公司的名称、住所、注册资本、经营范围、法定代表人姓名等事项。

公司营业执照记载的事项发生变更的，公司应当依法办理变更登记，由公司登记机关换发营业执照。

第八条　依照本法设立的有限责任公司，必须在公司名称中标明有限责任公司或者有限公司字样。

依照本法设立的股份有限公司，必须在公司名称中标明股份有限公司或者股份公司字样。

第九条　有限责任公司变更为股份有限公司，应当符合本法规定的股份有限公司的条件。股份有限公司变更为有限责任公司，应当符合本法规定的有限责任公司的条件。

有限责任公司变更为股份有限公司的，或者股份有限公司变更为有限责任公司的，公司变更前的债权、债务由变更后的公司承继。

第十条　公司以其主要办事机构所在地为住所。

第十一条　设立公司必须依法制定公司章程。公司章程对公司、股东、董事、监事、高级管理人员具有约束力。

第十二条　公司的经营范围由公司章程规定，并依法登记。

公司可以修改公司章程，改变经营范围，但是应当办理变更登记。

公司的经营范围中属于法律、行政法规规定须经批准的项目，应当依法经过批准。

第十三条　公司法定代表人依照公司章程的规定，由董事长、执行董事或者经理担任，并依法登记。公司法定代表人变更，应当办理变更登记。

第十四条　公司可以设立分公司。设立分公司，应当向公司登记机关申请登记，领取营业执照。分公司不具有法人资格，其民事责任由公司承担。

公司可以设立子公司，子公司具有法人资格，依法独立承担民事责任。

第十五条　公司可以向其他企业投资；但是，除法律另有规定外，不得成为对所投资企业的债务承担连带责任的出资人。

第十六条　公司向其他企业投资或者为他人提供担保，依照公司章程的规定，由董事会或者股东会、股东大会决议；公司章程对投资或者担保的总额及单项投资或者担保的数额有限额规定的，不得超过规定的限额。

公司为公司股东或者实际控制人提供担保的，必须经股东会或者股东大会决议。

前款规定的股东或者受前款规定的实际控制人支配的股东，不得参加前款规定事项的表决。该项表决由出席会议的其他股东所持表决权的过半数通过。

附录三
《中华人民共和国劳动合同法》核心摘要

第八条　用人单位招用劳动者时，应当如实告知劳动者工作内容、工作条件、工作地点、职业危害、安全生产状况、劳动报酬，以及劳动者要求了解的其他情况；用人单位有权了解劳动者与劳动合同直接相关的基本情况，劳动者应当如实说明。

第十一条　用人单位未在用工的同时订立书面劳动合同，与劳动者约定的劳动报酬不明确的，新招用的劳动者的劳动报酬按照集体合同规定的标准执行；没有集体合同或者集体合同未规定的，实行同工同酬。

第十七条　劳动合同应当具备以下条款：

（一）用人单位的名称、住所和法定代表人或者主要负责人；

（二）劳动者的姓名、住址和居民身份证或者其他有效身份证件号码；

（三）劳动合同期限；

（四）工作内容和工作地点；

（五）工作时间和休息休假；

（六）劳动报酬；

（七）社会保险；

（八）劳动保护、劳动条件和职业危害防护；

（九）法律、法规规定应当纳入劳动合同的其他事项。

劳动合同除前款规定的必备条款外，用人单位与劳动者可以约定试用期、培训、保守秘密、补充保险和福利待遇等其他事项。

第十九条　劳动合同期限三个月以上不满一年的，试用期不得超过一个月；劳动合同期限一年以上不满三年的，试用期不得超过二个月；三年以上固定期限和无固定期限的劳动合同，试用期不得超过六个月。

同一用人单位与同一劳动者只能约定一次试用期。

以完成一定工作任务为期限的劳动合同或者劳动合同期限不满三个月的，不得约定试用期。

试用期包含在劳动合同期限内。劳动合同仅约定试用期的，试用期不成立，该期限为劳动合同期限。

第二十四条　竞业限制的人员限于用人单位的高级管理人员、高级技术人员和其他负有保密义务的人员。竞业限制的范围、地域、期限由用人单位与劳动者约定，竞业限制的约定不得违反法律、法规的规定。

在解除或者终止劳动合同后，前款规定的人员到与本单位生产或者经营同类产品、从事同类业务的有竞争关系的其他用人单位，或者自己开业生产或者经营同类产品、从事同类业务的竞业限制期限，不得超过二年。

附录四
《中华人民共和国合伙企业法》核心摘要

第一章 总则

第三条 合伙协议应当依法由全体合伙人协商一致，以书面形式订立。

第四条 订立合伙协议，设立合伙企业，应当遵循自愿、平等、公平、诚实信用原则。

第五条 合伙企业在其名称中不得使用“有限”或者“有限责任”字样。

第六条 合伙企业从事经营活动，必须遵守法律、行政法规，遵守职业道德。

第七条 合伙企业及其合伙人的财产和合法权益受法律保护。

第二章 合伙企业的设立

第八条 设立合伙企业，应当具备下列条件：

（一）有二个以上合伙人，并且都是依法承担无限责任者；

（二）有书面合伙协议；

（三）有各合伙人实际缴付的出资；

（四）有合伙企业的名称；

（五）有经营场所和从事合伙经营的必要条件。

第九条　合伙人应当为具有完全民事行为能力的人。

第十条　法律、行政法规禁止从事营利性活动的人，不得成为合伙企业的合伙人。

第十一条　合伙人可以用货币、实物、土地使用权、知识产权或者其他财产权利出资；上述出资应当是合伙人的合法财产及财产权利。

对货币以外的出资需要评估作价的，可以由全体合伙人协商确定，也可以由全体合伙人委托法定评估机构进行评估。

经全体合伙人协商一致，合伙人也可以用劳务出资，其评估办法由全体合伙人协商确定。

第十二条　合伙人应当按照合伙协议约定的出资方式、数额和缴付出资的期限，履行出资义务。

各合伙人按照合伙协议实际缴付的出资，为对合伙企业的出资。

第十三条　合伙协议应当载明下列事项：

（一）合伙企业的名称和主要经营场所的地点；

（二）合伙目的和合伙企业的经营范围；

（三）合伙人的姓名及其住所；

（四）合伙人出资的方式、数额和缴付出资的期限；

（五）利润分配和亏损分担办法；

（六）合伙企业事务的执行；

（七）入伙与退伙；

（八）合伙企业的解散与清算；

（九）违约责任。

合伙协议可以载明合伙企业的经营期限和合伙人争议的解决方式。

第十四条　合伙协议经全体合伙人签名、盖章后生效。合伙人依照合伙协议享有权利，承担责任。

经全体合伙人协商一致，可以修改或者补充合伙协议。